Israël,
les juifs,
l'antisémitisme

Dans la même collection
dirigée par Alain Houziaux

Comment accepter de vieillir ? P.-L. Assoun, J.-D. Bredin, M. de Hennezel, 2003.

Peut-on faire le bonheur de ses enfants ? P. Bebe, C. Eliacheff, P. Lassus, 2003.

A-t-on encore besoin d'une religion ? A. Comte-Sponville, B. Feillet, A. Rémond, 2003.

Suis-je responsable de mes échecs ? G. Israël, D. Sibony, P. Valadier, 2003.

Pourquoi tant d'échecs en amour ? J. Arènes, P. Salomon, S. Schlumberger, 2004.

Le christianisme, quel impact aujourd'hui ?, O. Abel, A. Duhamel, P. Joxe, J.-M. Lustiger, P. Ricœur, 2004.

Y a-t-il quelque chose après la mort ?, C. Geffré, A. Houziaux, C. Javary, M. Labidi-Maïza, 2004.

Le voile, que cache-t-il ?, J. Baubérot, D. Bouzar, J. Costa-Lascoux, A. Houziaux, 2004.

Doit-on légaliser l'euthanasie ?, A. Comte-Sponville, M. de Hennezel, A. Houziaux, A. Kahn, 2004.

La religion peut-elle rendre heureux ?, A. Houziaux, M. Labidi-Maïza, L. Pernot, M. Serfaty, 2004.

D'où vient l'univers ?, A. Guiderdoni, A. Houziaux, M. Malherbe, J.-L. Schlegel, 2004.

L'Europe, jusqu'où ?, A. Duhamel, A. Houziaux, H. Le Bras, Ph. Moreau Defarges.

Dieu, c'est quoi finalement ?, C. Geffré, A. Gounelle, Guiderdoni, A. Houziaux, 2005.

Les esprits, est-ce que ça existe ?, Y. Dulac, A. Eleuch, C. J.-D. Javary, 2005.

Où va le protestantisme ?, J. Baubérot, J.-A. de Clermont, A. Houziaux, P. Joutard, O. Vallet, 2005.

Imprimé en France *Printed in France*
ISBN 2-7082-3772-1

Jacques Attali
Pascal Boniface
Alain Houziaux
Gérard Israël

Israël, les juifs, l'antisémitisme

LES EDITIONS DE L'ATELIER

Les Editions Ouvrières
12 avenue Sœur Rosalie
75013 Paris

Le contenu de cet ouvrage prend sa source dans un cycle de conférences organisées par le pasteur Alain Houziaux d'octobre à décembre 2003 au Temple de l'Église réformée de l'Étoile, 54, avenue de la Grande-Armée dans le XVIIe arrondissement de Paris.

Présentation des auteurs

Jacques Attali est écrivain.

Pascal Boniface est directeur de l'Institut de relations internationales et stratégiques (IRIS) et enseignant à l'Institut d'études européennes de l'Université Paris VIII. Il est par ailleurs membre du Conseil consultatif pour les questions de désarmement de l'ONU depuis 2001, administrateur de l'Institut des Hautes études de la défense nationale et membre du Comité de soutien et de réflexion de l'Académie diplomatique africaine. Il dirige *La revue internationale et stratégique* et *L'Année stratégique*. Il a écrit de nombreux ouvrages ayant notamment pour thème les relations internationales et la politique étrangère française. Ses derniers ouvrages parus sont : *L'année stratégique 2005* (Iris, Challenges, Armand Colin, 2004) et *Est-il permis de critiquer Israël ?* (Robert Laffont, 2003).

Alain Houziaux est pasteur de l'Église réformée de l'Étoile, docteur en théologie, docteur en philosophie. Il est notamment l'auteur de *Paraboles au quotidien* (Cerf, 1995) et *Les grandes énigmes du Credo* (DDB, 2003).

Gérard Israël, philosophe de formation, est l'auteur de nombreux ouvrages de pensée religieuse, notamment *La question chrétienne. Une pensée juive du christianisme* (Payot, 2002), *Volupté et crainte du Ciel. Peut-on se libérer du péché originel ?* (Payot, 2002) et (en collaboration) *Le Coran, Jésus et le judaïsme* (DDB, 2004).

INTRODUCTION

Quand le débat public est gouverné par l'émotion et le vertige de l'instant, la confusion des mots s'installe et les conséquences peuvent être redoutables. Ce constat s'impose s'agissant d'Israël, des juifs et de l'antisémitisme – trois mots constituant le titre de cet ouvrage. Au rythme des attentats, des agressions, des profanations, les mots se bousculent : racisme, judéophobie, antisémitisme, antisionisme... au point que leur sens tend à se confondre. De la même manière, s'étend l'idée selon laquelle le conflit israélo-palestinien serait le point modal d'une confrontation opposant les forces de l'islam à celles d'un Occident inspiré par le judaïsme et le christianisme.

Comment raison garder devant cette avalanche d'images et de slogans susceptible d'emporter les esprits les plus avisés ? La passion suscitée par ces questions est devenue telle qu'elle interdit toute possibilité de débat contradictoire. C'est dire le danger de la réduction médiatique actuelle. Ce petit ouvrage n'a d'autre ambition que de promouvoir un dialogue constructif entre personnes d'avis divergents.

Mais avant de faire le tri entre les polémiques stériles et les vraies oppositions, ce livre dégage d'abord un consensus, celui du refus commun de l'antisémitisme. En l'occurrence, celui-ci est à l'œuvre quand les critiques adressées à l'État d'Israël sont étendues à l'ensemble des Juifs. Aucun des auteurs de cet ouvrage, et c'est heureux, ne s'engage dans cette impasse ignominieuse. Autre point d'accord : la possibilité d'adresser des critiques à l'État israélien sans être systématiquement taxé d'antisionisme, voire d'antisémite. Les critiques émises par Jacques Attali, Pascal Boniface, Alain Houziaux et Gérard Israël sont d'intensité variable, mais tous ces auteurs conviennent que la défense indéfectible de la politique israélienne, sans exercice de son droit d'appréciation personnel, contribue plus à troubler le débat qu'à l'éclaircir. Troisième point de consensus : la nécessité de voir exister un État palestinien au côté de celui d'Israël : « Si l'État palestinien n'est pas créé, très vite l'État israélien disparaîtra », avertit Jacques Attali.

Venons-en donc à l'objet de la controverse. Pour en comprendre les termes, encore faut-il accepter de prendre en compte ses principales données et, en premier lieu, les 3 500 ans d'histoire d'Israël. Cette longue histoire s'analyse selon un double registre : comme le montrent Alain Houziaux et Jacques Attali, elle est à la fois religieuse et profane. Elle est celle d'un peuple « qui apporte le monothéisme à l'humanité » et qui traduit une partie de la promesse dont il est dépositaire en créant un État. Sa première existence au temps des Rois ne dura que soixante-dix ans, puis vinrent les partitions rompant l'unité nationale. Quiconque nie cet héritage, quelle que soit par ailleurs sa croyance, ne peut appréhender les termes actuels du conflit israélo-palestinien et ses prolongements. De même, comme le montre Gérard Israël, il est indispensable de replacer les débats contemporains dans la longue perspective des relations entre l'Occident, dominé par le christianisme, et le judaïsme, dispersé depuis la chute du Temple en 70 de notre ère. La judéophobie se nourrira longtemps de l'accusation de peuple déicide proférée pendant près de deux millénaires par les Églises chrétiennes : les Juifs furent scandaleusement accusés d'avoir tué Jésus.

Si aujourd'hui, ce dernier contentieux est pour l'essentiel épuisé, une question demeure : compte tenu du message dont il est l'héritier, Israël doit-il être exemplaire ? Autrement dit, ses devoirs éthiques priment-ils sur ses droits ? Jacques Attali comme Gérard Israël considèrent que le sionisme n'a pas d'abord une signification religieuse. Pour l'essentiel, en effet, ce mouvement s'est construit sur une base laïque empêchant toute velléité théocratique. Il n'empêche, pour Jacques Attali, Israël ne peut se dédouaner de sa responsabilité historique à l'égard des autres peuples : « Notre morale impose que nous ne pouvons pas être heureux plus longtemps que quelqu'un dans notre entourage est malheureux, car, en tant qu'avant-garde, nous devons porter la conscience de l'indignation face au malheur. »

Pour Gérard Israël, l'État israélien « ne doit pas être soumis à des devoirs particuliers ou à une morale politique supérieure à celle qui s'impose aux autres nations ». Mieux vaudrait s'habituer à « considérer l'État hébreu comme un État guère différent des autres États ». Alain Houziaux considère quant à lui que « ce sont les Juifs, et les Juifs seulement, qui doivent rappeler la vocation prophétique et éthique d'Israël ».

À ce débat sur le rôle de l'État créé en 1948 s'ajoute un autre, plus crucial encore : celui qui porte sur la contestation du principe même de l'État d'Israël. Pascal Boniface précise que cette position dissidente, loin de se confondre avec l'antisémitisme, est partagée par des religieux qui, au nom de la Torah, « nient à l'État d'Israël le droit de représenter tous les Juifs ». D'autres Juifs ne se reconnaissent pas dans un État qui serait fondé sur des critères de race et de religion. Cet antisionisme est-il un « antisémitisme par procuration », comme l'affirme Jean-Christophe Rufin dans un rapport rendu en octobre 2004 au ministre français de l'Intérieur ? Pascal Boniface réfute cet amalgame qui sème la confusion.

Jacques Attali et Gérard Israël récusent, quant à eux, l'idéologie qui prétend que la disparition de l'État d'Israël mettrait fin à l'essentiel des problèmes du Proche-Orient. Cette thèse, inspirée par Al-Qaïda et les groupes islamistes affiliés à cette mouvance, légitime souvent le terrorisme et sa cohorte d'attentats. Elle constitue la vraie menace qui pèse sur Israël et les Juifs. Comment s'en prémunir ? « L'alarmisme, le lobbyisme et le communautarisme » ne sont pas les bonnes ripostes à ce danger, estime Gérard Israël. « En France, les Juifs ne sont ni une communauté religieuse, ni une communauté culturelle, ni surtout une minorité nationale. Ils sont absolument des individus, certes quelquefois rassemblés autour d'un idéal ou d'un engagement commun, mais jamais au sein d'une cellule sociale particulière dont les caractéristiques seraient d'être sans portes ni fenêtres. »

C'est contre cet emballement alarmiste qui assimile toute critique à l'égard du gouvernement d'Israël à une forme d'antisémitisme que s'insurge Pascal Boniface. Certes, reconnaît-il, l'antisémitisme progresse en France : « Il y a effectivement dans les banlieues, parmi une catégorie de jeunes Arabes, une parole antisémite qui se libère. » Mais « ce n'est pas parce qu'ils sont arabes qu'il faut les excuser d'être antisémites ». La réalité de ce danger majeur mérite justement un surcroît de lucidité afin d'éviter que survienne « une sorte de fatigue sur ce débat », beaucoup de nos concitoyens ayant l'impression que l'antisémitisme est devenu, par médiatisation excessive, le principal problème de la société française. Or, comme le constate

Jacques Attali, « sans établir une lugubre hiérarchie des douleurs », « dans la France d'aujourd'hui il est beaucoup plus difficile d'être musulman que d'être juif ». C'est donc toute forme de racisme, y compris l'antisémitisme, qu'il s'agit de combattre. Il faut dès lors prendre soin de ne pas confondre deux registres : celui de la lutte contre les racismes, et celui du débat politique sur le conflit israélo-arabe. Les termes de ce dernier débat ne peuvent pas totalement nier des solidarités communautaires ou religieuses, mais celles-ci ne doivent en aucun cas conduire à l'élimination de l'un des protagonistes. De plus, l'existence d'une commune citoyenneté devrait contribuer à relativiser les appartenances communautaires et permettre l'émergence non de réflexes mais d'un débat riche, contradictoire et exigeant, disponible à la diversité d'expression de chacun.

En définitive, les trois termes de cet ouvrage : Israël, les Juifs et l'antisémitisme, méritent d'être extirpés de l'amalgame médiatique qui jette la confusion pour être examinés séparément. Il existe un conflit israélo-palestinien et le débat doit être permis sur les modalités de son issue. Il existe une communauté juive dont les individus doivent pouvoir être citoyens de divers pays de la planète à égalité de droits et de devoirs. Il existe enfin un antisémitisme qui doit être combattu et dont la résurgence réclame la vigilance de tous. La qualité du débat public doit pouvoir ainsi faire émerger une volonté de fraternité qui traverse et dépasse les conflits pour ravaler la haine de l'autre à « une imbécillité d'un autre âge » toujours à combattre.

LE PEUPLE ÉLU ET L'ANTISÉMITISME

par Alain Houziaux

Aujourd'hui, la politique de l'État d'Israël vis-à-vis des Palestiniens est l'objet de vives critiques. Est-ce pour autant une critique des Juifs en tant que tels ? La réprobation de la politique d'Israël est-elle le voile d'un nouvel antisémitisme ?

Sérier les problèmes

Il faut le reconnaître, on ne critique pas la politique d'Israël vis-à-vis des Palestiniens de la même manière que celle de la Russie vis-à-vis des Tchétchènes. Et c'est pourquoi certains diront, à tort ou à raison, que le fait qu'Israël soit un État gouverné par des « Juifs » interfère d'une manière ou d'une autre dans cette critique. La critique de la politique d'Israël se conjuguerait donc avec une forme d'antisémitisme.

Mais il faut sérier les problèmes.

– Si l'on critique la politique d'Israël, il y aura toujours quelqu'un pour dire que l'on est antisémite. De même, si l'on refuse de faire l'aumône à un noir, il y aura toujours quelqu'un pour dire que l'on est raciste. L'accusateur fait un amalgame facile. Et en général, il porte. On se sent obligé de se justifier.

– Lorsque l'on critique la politique d'un pays, on en vient très facilement à faire le lien avec les caractéristiques que l'on attribue aux habitants de ce pays. Et ici, on fait soi-même l'amalgame. Le problème est général. Lorsque les Français critiquent la politique des États-Unis, ils disent que « les Américains » ont le culte de la force. Lorsque les Américains critiquent la politique de la France, ils disent que « les Français » sont arrogants et présomptueux. Et lorsque nous critiquons le terrorisme corse ou la corruption qui règne sur l'Île de beauté, nous portons aussi des jugements sur « les Corses » en général.

– Et exactement de la même manière, lorsque l'on critique la politique d'Israël, l'amalgame avec « les Juifs » peut être fait. Mais, c'est sûr, lorsque l'on passe d'Israël aux « Juifs », le glissement qui consiste à passer d'une critique d'une décision des dirigeants israéliens à une condamnation des Juifs a une incidence beaucoup plus forte que dans les cas cités plus haut. Et ce à cause de trente siècles d'antisémitisme et de six millions de Juifs exterminés.

De toute manière, il faut en convenir, le fait qu'Israël soit l'État des Juifs et du peuple juif, avec tout ce que cela suppose de charge symbolique et émotive, interfère dans l'opinion que l'on a à son sujet.

Mais ce n'est pas toujours sous la forme d'un antisémitisme larvé ou avoué. Cela peut être aussi sous la forme d'un sentiment positif à l'égard du peuple d'Israël. Pour beaucoup, pour les chrétiens et les protestants en particulier, le peuple juif, c'est le peuple de la Bible et de Jésus. La Bible nous enseigne que c'est le peuple choisi par Dieu pour nouer une alliance avec l'humanité. Et c'est aussi le peuple rescapé de la Shoah et de vingt siècles d'antisémitisme chrétien. Cela donne incontestablement au peuple d'Israël une place à part.

Il y a chez de nombreuses personnes une sorte de « philo-sémitisme » *a priori*, fait de culpabilité, certes, mais aussi d'admiration et d'idéalisation du peuple juif.

Israël n'est pas considéré comme un peuple comme les autres. Il est le témoin d'une espérance et d'une mission qui durent depuis 3 500 ans. Il se reconnaît et est reconnu par beaucoup comme « le prophète de Dieu ». Sa mission lui a été confiée par Dieu lui-même. Et c'est pourquoi, pense-t-on aussi, il devrait avoir une conduite particulièrement exigeante.

C'est là que les choses se compliquent. On est tenté de lui faire la morale. L'Israël d'aujourd'hui, devrait, dit-on, se souvenir de la prédication adressée à l'Israël des temps bibliques : « Tu ne feras pas subir aux autres ce qu'on t'a fait subir. Souviens-toi que tu as été étranger en Égypte ; et de ce fait tu respecteras l'étranger » (Exode 22, 21 ; 23, 9). On voudrait faire d'Israël un peuple de « justes » pleinement soumis à toutes les exigences du Décalogue.

C'est vrai, nous serions sans doute moins émus par le sort des Palestiniens s'ils étaient persécutés non par le peuple juif mais par des Pakistanais par exemple. Les Palestiniens, dit-on, sont devenus « les juifs » (c'est-à-dire, symboliquement, les persécutés) des Juifs (c'est-à-dire du peuple qui devrait se souvenir qu'il est le peuple de la Shoah). C'est d'ailleurs là la teneur d'un article d'Edgar Morin paru dans *Le Monde* et pour lequel il a été assigné devant un Tribunal pour propos antisémites.

En fait, la déception éprouvée à l'égard de l'État d'Israël est à la hauteur de l'espérance qu'il avait suscitée alors qu'il était le peuple des pionniers socialistes qui faisaient fleurir le désert grâce à leurs kibboutz joyeux, fraternels et quasi-messianiques. On a trop idéalisé Israël et « Qui trop embrasse mal étreint » !

Si l'État d'Israël n'était pas l'État des Juifs, on le jugerait ni plus ni moins sévèrement qu'un autre État cherchant à accroître son territoire et à défendre ses intérêts. Mais parce qu'il est l'État des Juifs, la critique se fait plus passionnelle. À l'image de ceux qui veulent faire le bonheur des autres malgré eux, certains, trop bien intentionnés, voudraient faire d'Israël un peuple exemplaire et saint malgré lui ! Et c'est cela qui est pernicieux. Les politiciens d'Israël ont bien raison de demander à être jugés selon des critères communs. Pour l'Israël biblique comme pour l'Israël d'aujourd'hui, le fait d'être considéré comme un peuple « à part » est un fardeau et une prison.

« Être ou ne pas être… »

Ainsi, on le voit, la question (qui prend la forme d'une alternative) est celle-ci : Israël, du fait de son histoire et de son « élection » doit-il se soumettre à des devoirs spécifiques ou peut-il être tout simplement un État comme les autres ?

Le fait qu'Israël puisse être un État, et de plus un État comme les autres, a été contesté dès les origines jusqu'à nos jours, et d'abord par les Juifs eux-mêmes. Tout un courant de la théologie juive des années 1930 considérait que la création d'un État israélien était une infidélité aux valeurs universalistes du judaïsme et à sa vocation de féconder de l'intérieur les nations non juives [1].

Israël doit-il être un État comme les autres ? Cette question s'est toujours posée. Elle se posait déjà aux temps de l'Israël biblique. À l'époque de David, Israël a été placé devant ce dilemme : doit-il se constituer en État pour pouvoir mieux s'organiser et faire face à ses ennemis, ou doit-il rester

1. Cf. *Encyclopædia universalis*, article « sionisme », tome 21, p. 64, édition 1989.

un peuple uniquement dirigé par Dieu et par ses prophètes ?

Aux premiers temps de son existence, le peuple d'Israël ne constituait pas un État mais une théocratie ayant à sa tête un prophète exprimant directement la volonté de Dieu. Ainsi, dans un premier temps, le peuple a refusé la royauté (Juges 8, 23). Puis il a changé d'avis et réclamé au prophète Samuel un roi : « Établis sur nous un roi pour nous gouverner comme il y en a dans toutes les nations » (I Samuel 8, 6). Et après bien des réticences, Dieu ne s'est pas opposé à l'expérience. Mais le roi devait rester soumis au prophète (I Rois 19, 16). Et lorsque les rois et les prophètes auront disparu, ce seront les prêtres qui prendront en main la destinée de la communauté juive.

Cette ambiguïté dans le statut d'Israël (qui est et qui n'est pas un État comme les autres) est perceptible jusque dans le vocabulaire désignant « Israël ». Dans la Bible, Israël est normalement désigné comme « am » (peuple). Mais il est aussi appelé « goy » (nation) quand son comportement le rapproche des autres nations, ce qui encourt alors la critique des prophètes (Exode 32, 9 ; Jérémie 36).

Et cette question de statut a pour Israël une importance… vitale, au sens strict.

En effet, si à l'époque du roi David, Israël ne s'était pas constitué en État (au grand dam de certains prêtres, cf. II Chroniques 26), s'il était resté un peuple saint, juste et exemplaire, il aurait pu très vite succomber sous les coups de ses puissants voisins. Il aurait sans doute gardé son âme, mais il aurait pu perdre sa vie. Aujourd'hui la problématique reste la même : être ou ne pas être, telle est la question. Autrement dit, pouvoir continuer d'exister en se comportant comme les autres États, ou prendre le risque de disparaître parce que l'on refuse de faire comme les autres et d'utiliser les armes de la puissance. Être, en cessant d'être juste. Ou ne pas être, en restant saint.

Une double contrainte

Le peuple d'Israël (que ce soit celui des temps bibliques ou celui d'aujourd'hui) est toujours placé devant une « double contrainte[2] ». Comme le dit Jean-Paul

2. Jean Daniel, *La prison juive*, Odile Jacob, 2003.

Sartre : « Un élu est un homme que le doigt de Dieu coince contre un mur[3]. »

Aux temps de la conquête de Canaan, Israël devait déjà faire la guerre. Et pourtant, déjà, à cette époque, cela pouvait paraître comme contraire à sa vocation à obéir à la Loi. Et c'est pourquoi les guerres qu'il menait devaient être conduites selon certaines règles précises et spécifiques.

Il devait user de méthodes ritualisées et, par certains côtés, « non violentes » (cf. Juges 7). Et pourtant, il fallait qu'il sorte victorieux du conflit puisque cette victoire était attribuée au Dieu qu'il servait. S'il échouait, cela pouvait être considéré comme une malédiction et une punition de Dieu.

Tout ceci continue à peser sur la lecture qu'Israël fait de la Shoah et sur l'attitude qu'il a vis-à-vis des Palestiniens. Aujourd'hui, si l'État d'Israël se montre aussi vindicatif, c'est sans doute parce que, à tort ou à raison (à tort sans doute), il continue à craindre pour son existence même. Alors que la Shoah pourrait être pour lui une règle lui rappelant de ne pas

3. Jean-Paul Sartre, *Le diable et le bon Dieu*, Gallimard, 1951.

faire subir aux autres ce qu'il a subi lui-même, elle est plutôt la mémoire obsessionnelle d'un destin qui pourrait se renouveler.

Le peuple juif (diaspora incluse) est profondément insécurisé. Et cela peut se comprendre. De fait, on constate que même les populations juives les plus assimilées et les plus acceptées se sentent très vulnérables. Le fait qu'elles rappellent de manière insistante le martyre de la Shoah le montre bien. Et paradoxalement, ce sont les populations qui ont été le moins marquées par la Shoah (les Juifs des États-Unis par exemple) qui insistent le plus sur le devoir de mémoire. Comment l'expliquer autrement que par un sentiment de fragilité ontologique et même « théologique » ?

Au cours de l'histoire, le peuple juif a subi des attaques, quel que ce soit son statut. Lorsqu'il n'était qu'une diaspora, il a connu les malheurs de l'antisémitisme[4], et ce même s'il était tout à fait assimilé comme c'était le cas en Allemagne au début du XXe siècle. Et, lorsqu'il s'est constitué en

4. L'antisémitisme est sûrement dû au fait que les Juifs, tout comme les Tziganes, constituent un peuple, c'est-à-dire une unité, tout en étant dispersés, et par là même étrangers parmi les autres peuples. Mais il y a bien sûr d'autres causes.

État sur la terre de Palestine, il a été contesté parce qu'il usurpait la terre des Palestiniens.

L'État d'Israël et le peuple juif

Ces constats appellent deux remarques.

C'est par un amalgame trop hâtif que l'on assimile le peuple d'Israël et l'État d'Israël. De même, il n'y avait pas lieu d'assimiler le catholicisme avec les États pontificaux.

Mais l'État d'Israël peut-il pour autant être considéré comme un état laïc devant être jugé « de manière laïque » c'est-à-dire comme n'importe quel État ? Qu'en pense l'État d'Israël lui-même ? Se considère-t-il comme un État laïc ou comme un État religieux soumis aux exigences de la Thora et de la tradition juive ? La réponse n'est pas aisée. Le statut de l'État d'Israël est très ambigu. Les lois selon lesquelles il se régit sont à la fois non religieuses et religieuses. Ainsi, par exemple, la « loi du retour » (selon laquelle un immigrant peut être reconnu comme Juif et citoyen israélien) ne concorde pas avec la loi religieuse (la Halakha) qui définit l'identité juive. La loi du retour a une conception plus extensive de la judéïté. Pour bénéficier de la nationalité israélienne, il suffit d'être Juif ou petit-fils de Juif. Et non pas d'être né d'une mère juive, comme le prescrit la loi religieuse. Ceci explique que des dizaines, voire des centaines de milliers d'immigrants (notamment russes) aient pu bénéficier de la loi du retour, sans être juifs au sens de la Halakha. De ce fait, ils ne peuvent se marier religieusement en Israël. Et, s'ils meurent au combat, ils ne peuvent pas être enterrés dans les cimetières militaires parce que ceux-ci sont exclusivement réservés aux Juifs au sens de la Halakha[5].

On comprend alors l'émergence d'un parti politique, le Chinouni, qui aspire à faire de l'État hébreu un État laïc.

– Il ne faut donc pas systématiquement considérer l'opposition à la politique d'Israël comme une forme d'antisémitisme. Ce qui le montre bien, c'est que, aux États-Unis, les démocrates, qui ne sont en rien antisémites, expriment des critiques à l'égard de la politique d'Israël lorsqu'elle se montre expansionniste. Et inversement les républicains, soutenus par de nombreux

5. Serge Benisty, *Le Mouvement*, janvier 2004, p. 28.

fondamentalistes chrétiens qui proclament leur volonté de convertir les juifs, sont favorables à la politique agressive d'Israël parce qu'ils la jugent nécessaire pour contenir le monde arabe. De la même manière, en France, ce sont les moins antisémites qui sont généralement les plus hostiles à la politique d'Israël. Et en revanche, ceux qui soutiennent la politique américaine et celle d'Israël n'ont pas forcément beaucoup de sympathie pour les Juifs en tant que tels.

Si le peuple d'Israël est placé dans une double contrainte, ceux qui estiment avoir à critiquer Israël le sont tout autant. On peut facilement être accusé d'antisémitisme sous des prétextes fallacieux. Le problème n'est pas nouveau. Au début du XXe siècle, les socialistes, qui s'opposaient au libéralisme et aux banques internationales, étaient déjà accusés d'antisémitisme parce qu'ils s'opposaient, de ce fait, aux capitalistes et aux banquiers juifs[6].

6. De fait, certains courants minoritaires du socialisme choisirent de ne pas défendre Dreyfus au motif qu'il était juif et donc allié au capitalisme. Mais on ne peut prendre prétexte de ces faits incontestables pour ranger Jaurès et la grande majorité de ses compagnons dans le camp des antisémites.

Comme on le voit, s'agissant d'Israël, politique et théologie sont intimement mêlées. On doit pourtant admettre qu'une critique de la politique d'Israël n'équivaut pas à nier la réalité et le principe de son existence, ni bien évidemment celle du peuple juif.

Sans doute peut-on tirer de ces débats la conclusion qu'il est nécessaire de distinguer le domaine de la théologie et celui de la politique. Les séparer peut conduire à rendre la théologie plus créative et plus exigeante, et la politique plus inventive pour susciter la paix en garantissant les droits et la sécurité de chacun.

Et pourtant, Jacques Attali a sans doute raison de dire que le peuple juif a des devoirs moraux particuliers qui sont l'héritage de la mission d'avant-garde qui a été la sienne, et qui est peut-être encore la sienne[7]. Mais ce sont les Juifs, et les Juifs seulement qui doivent rappeler à Israël sa vocation prophétique et éthique.

7. Voir dans le présent ouvrage, p. 63.

L'ANTISÉMITISME ET LA FRANCE

par Pascal Boniface

La trilogie – Israël, les Juifs, l'antisémitisme – qui est offerte à notre réflexion est certainement l'une des questions les plus sensibles qui puisse être posée aujourd'hui. Nous essayerons de la traiter en la découpant de la manière suivante : le conflit du Proche-Orient est-il importé en France ? Y a-t-il un lien entre la montée de l'antisémitisme et les événements qui ensanglantent Israël et les territoires palestiniens ? La France est-elle antisémite ? Quelle est la force de l'antisémitisme en France ? Et quels sont les moyens d'améliorer la situation ?

L'antisémitisme, un sujet trop sensible ?

La question n'est plus de savoir si le conflit du Proche-Orient à été ou non « importé » en France. C'est d'ores et déjà fait. L'enjeu est désormais de limiter les effets négatifs de ce phénomène pour espérer l'enrayer par la suite.

L'analyse de ce conflit, les responsabilités réciproques de ses acteurs, les solutions pour y mettre fin, ses répercussions hexagonales, le débat sur l'antisémitisme et les autres formes de racisme sont devenus les sujets les plus sensibles en France. Ces points constituent un clivage majeur dans notre société, plus important encore que les autres clivages, qu'ils soient politiques, religieux, sociaux, etc. De nombreuses personnes appartiennent à des partis différents, n'ont pas la même religion, ne font pas partie de la même catégorie sociale et sont pourtant capables de communiquer entre elles. Mais le fait de n'être pas en accord sur le Proche-Orient les conduit très souvent à prendre leurs distances, même si rien d'autre ne les sépare *a priori*.

C'est un sujet qui souvent empêche le dialogue. On préfère éviter de l'aborder, de crainte d'aboutir à une querelle, voire une rupture. Aucun autre sujet n'a une telle charge émotionnelle. La possibilité d'avoir un véritable débat sur ce point, pour des individus ayant des approches différentes, mais étant néanmoins soucieux d'entamer une réflexion commune pour avancer vers une meilleure compréhension est de plus en plus rare. Trop souvent, on ne débat plus mais on enchaîne les monologues. On réunit des personnes ayant la même opinion, et on refuse de discuter avec ceux avec lesquels on est en désaccord. Parfois même la violence physique s'installe, annihilant toute idée de débat intellectuel. Cette attitude est à la fois un crime contre l'esprit et contre la raison. Et elle est dangereuse pour l'avenir de l'idée de démocratie.

Par un cruel paradoxe, on estime que le sujet est très – trop – sensible. On évite d'en débattre. Or c'est justement pour cette raison qu'il faut en débattre.

Peut-on trouver des causes à l'antisémitisme ?

La naissance de l'État d'Israël n'est évidemment pas la cause de l'antisémitisme, qui existait bien avant lui. La création de l'État d'Israël, le projet sioniste est, au contraire, une réponse à l'antisémitisme. C'est pour offrir un foyer aux Juifs, un lieu sûr que le sionisme a été conçu. La création de l'État d'Israël a-t-elle suscité une nouvelle vague d'antisémitisme ? Cela paraît évident dans les pays arabes ; le sionisme y était perçu comme une nouvelle forme de colonialisme. Pendant longtemps, de ce fait, l'existence et la légitimité d'Israël y ont été refusées. Aujourd'hui, les pays arabes seraient, sans exception, prêts à le reconnaître, si un accord de paix était signé avec les Palestiniens.

En France, le gouvernement et l'opinion ont soutenu avec enthousiasme la création de l'État d'Israël. La France et Israël ont été cobelligérants en 1956 lors de la guerre de Suez, avec le soutien de l'opinion publique. Le général de Gaulle a rompu l'alliance stratégique avec Israël en 1967 contre l'avis de la majorité du peuple français. Ce dernier est devenu plus critique à l'égard non de l'État d'Israël en tant que tel, mais de l'action de son gouvernement en 1982, au moment de la guerre du Liban. Il y eut de nouveau une forte vague de sympathie populaire après la signature des accords d'Oslo en 1993. Le déclenchement de la seconde *intifada* en 2000 a marqué un nouvel éloignement.

D'autres questions se posent : le comportement du gouvernement israélien actuel est-il la cause de la résurgence d'un antisémitisme qui n'avait pas disparu en France mais qui était moins visible ? N'est-il pas un simple prétexte choisi par les antisémites ? L'antisémitisme est devenu impossible à revendiquer juridiquement du fait de la législation française. Il est par ailleurs politiquement difficile à assumer. L'antisionisme lui servirait dès lors de façade, de couverture légitimante. De nombreux responsables communautaires juifs et des intellectuels – juifs et non juifs – ont largement répandu l'idée que la critique du gouvernement israélien n'était qu'un alibi pour exprimer, au nom des victimes palestiniennes, un antisémitisme que l'on ne voulait pas afficher franchement.

Cette thèse à été reprise par l'écrivain Jean-Christophe Rufin qui a remis le 19 octobre 2004 un rapport au ministre de l'Intérieur sur la lutte contre le racisme et l'antisémitisme. Reprenant une thématique développée entre autres par Pierre-André Taguieff et Alain Finkielkraut, il estime qu'il existe « un antisionisme moderne né au confluent des luttes anticoloniales, antimondialisations, antiracistes, tiersmondistes et gauchistes [1] ». Il estime que

1. Lors du dîner du Conseil représentatif des institutions juives de France (CRIF) en 2002, Roger Cukierman, son président, avait dénoncé l'antisémitisme « rouge-vert-brun ».

cet antisionisme est un « antisémitisme par procuration[2] ».

Antisémitisme et antisionisme

Pour examiner cette thèse, il faut d'abord définir les termes du débat. Qu'est-ce que l'antisémitisme ? Qu'est-ce que l'antisionisme ? Ce sont deux choses différentes. L'antisionisme est-il un antisémitisme ? L'antisémitisme est l'hostilité – et même parfois la haine – à l'égard des Juifs, pris indifféremment pour la seule raison qu'ils sont juifs. Dans l'histoire, l'antisémitisme a conduit à des persécutions, des pogroms et à la Shoah. L'antisionisme est différent, c'est le refus de l'existence de l'État d'Israël.

Les deux concepts peuvent être liés, mais ils ne le sont pas automatiquement. Il y a évidemment des gens qui, étant antisémites, refusent au peuple juif le droit à disposer d'un État conçu comme un refuge – ou la perspective d'un refuge – si tout allait mal. Mais en même temps, on compte au sein de la communauté juive de

2. *Chantier sur la lutte contre le racisme et l'antisémitisme*, rapport présenté par Jean-Christophe Rufin au ministre de l'Intérieur le 19 octobre 2004, p. 15.

nombreux Juifs antisionistes. Le lien n'est pas automatique entre les deux notions, qu'il faut donc bien distinguer.

De nombreux Juifs – accusés dès lors d'être animés par la « haine de soi » – s'affirment antisionistes. Ils peuvent l'être pour des raisons religieuses. Au nom de la Torah, des religieux nient à l'État d'Israël le droit de représenter tous les Juifs. Ils estiment même que la politique d'Israël met les Juifs de la diaspora en danger [3]. D'autres sont antisionistes pour des raisons politiques. Ils estiment que les Juifs doivent être intégrés individuellement dans les États où ils vivent, et ne se reconnaissent pas dans un État qui serait fondé sur des critères de race ou de religion.

Il peut y avoir des sionistes antisémites. Une partie de l'extrême droite française l'est. Elle préfère voir les Juifs en Israël plutôt qu'en France. Elle approuve la politique de répression contre les Palestiniens du fait d'un racisme dirigé contre les Arabes. Les chrétiens sionistes américains soutiennent la politique de Sharon. Pour

3. Cf. Yakov Rabkin, *Au nom de la Torah, une histoire de l'opposition juive au sionisme*, Presses de l'Université de Laval, Québec, 2004

eux, le retour des Juifs en Terre sainte servirait de prélude à leur adhésion au Christ et, pour ceux qui ne se convertiraient pas, à leur destruction physique. Ils sont donc antisémites et sionistes. On le voit, les termes « sionisme », « antisionisme » et « antisémitisme » s'agencent en de multiples combinaisons contradictoires.

D'ailleurs, dans son journal, Theodor Herzl a écrit : « Les antisémites deviendront nos amis les plus loyaux, les nations antisémites nos alliés[4]. »

L'assimilation des termes « antisioniste » et « antisémite », si elle est possible n'est donc en rien automatique. Elle vise avant tout ceux qui combattent l'antisémitisme, reconnaissent le droit pour Israël d'exister dans des frontières sûres et reconnues, condamnent les attentats-suicides mais critiquent par ailleurs la conduite de son gouvernement. Ils ne reprochent pas à Israël d'exister, ils critiquent ce que fait Israël.

4. Cité par Orden Medick, responsable du bloc de la paix Gush Shalom, dans *Le Nouvel Observateur* du 2 septembre 2004. Il écrit par ailleurs : « En tant qu'israélien je demande à la diaspora de ne pas confondre l'antisémitisme avec la défense aveugle de l'État d'Israël. »

Il faut distinguer le fait de critiquer le comportement d'un gouvernement et celui de critiquer le droit d'un État à exister.

Il est indéniable que le peuple juif est celui qui a le plus souffert du racisme, et le génocide juif a un caractère unique. Cela ne permet pas d'accuser d'antisémitisme ceux qui critiquent le gouvernement de l'État d'Israël. Bien sûr, vos accusateurs affirmeront qu'il est possible de critiquer Sharon sans être accusé d'antisémitisme. Ils disent d'ailleurs qu'eux-mêmes peuvent exprimer des réserves sur la politique israélienne. Mais outre le fait qu'on a du mal à identifier de telles critiques venant de leur part, ils interdisent aux autres, dans la pratique, ce qu'ils disent tolérer en théorie. En forçant le trait on pourrait dire que la critique du gouvernement israélien en France est comparable à ce qu'était la liberté syndicale ou religieuse dans les pays communistes. C'est théoriquement possible. Mais si vous passez à la pratique, vous allez au-devant de graves problèmes.

Si l'on critique George W. Bush pour son comportement en Irak, ou pour son refus de respecter le droit international d'interdiction de recours à la guerre, on ne sera pas accusé automatiquement de faire de l'antiaméricanisme (bien que cela soit de plus en plus fréquent), ni de faire du racisme antiaméricain. De même, si l'on critique l'attitude du gouvernement Poutine en Tchétchénie, on ne se verra pas reprocher de faire du racisme antirusse, on constatera un désaccord politique avec les exactions des Russes dans cette région. De même, on pourra critiquer le gouvernement chinois sans être traité de raciste antichinois, avoir des jugements très durs à l'égard d'Arafat sans encourir le procès d'un racisme antiarabe. Ceux qui, par exemple, désapprouvent la politique française au Proche-Orient ne sont pas accusés de faire du racisme antifrançais.

On voit bien le danger d'un tel raisonnement : sous couvert de lutter contre l'antisémitisme, on jette la suspicion sur ceux qui critiquent la politique du gouvernement israélien. Il y a bel et bien une tentative d'empêcher le libre exercice du débat démocratique sous couvert de lutte contre l'antisémitisme. Cette tactique peut avoir des avantages. Elle est, dans l'optique du gouvernement israélien, efficace dans un premier temps. Qui pourrait assumer l'accusation infamante d'antisémitisme ?

Elle est par ailleurs extrêmement pénalisante personnellement et professionnellement. L'accusation d'antisémitisme, même injustifiée, fait de vous un *paria* dans de nombreux cercles. Rares sont ceux qui iront vérifier si les accusations ont un réel fondement – ce qui arrive parfois – ou si elles sont simplement un moyen d'exclure de la vie de la cité une personne dont le seul tort est d'avoir critiqué le gouvernement israélien.

Lorsqu'un événement de ce type surgit, c'est au défenseur d'apporter la preuve de son innocence, et non à l'accusation de prouver la culpabilité. L'affirmation suffit à jeter le discrédit.

Mais à terme, cette politique est catastrophique, elle revient à banaliser l'antisémitisme. Elle établit une unité de vue sans faille entre Juifs et partisans du gouvernement israélien au moment même où la politique d'Israël est de plus en plus impopulaire. Mais c'est justement cette impopularité qui conduit les partisans du gouvernement israélien à vouloir le protéger en brandissant l'arme de l'antisémitisme contre ses détracteurs.

Certains représentants ou intellectuels communautaires estiment que « tout Juif français doit soutenir le gouvernement israélien ». Cette position de principe feint d'ignorer que de nombreux Juifs français sont présents dans des associations de solidarité avec les Palestiniens.

L'antisémitisme appuie souvent sa propagande sur l'existence prétendue d'un lobby juif. L'existence d'un tel groupe supposerait une parfaite identité de vue entre tous les membres de la communauté juive. Or, tel n'est pas le cas. Les Juifs de France ont sur la plupart des sujets – y compris sur le sujet du conflit israélo-palestinien – des avis très diversifiés. Il n'y a pas de lobby juif mais il y a un lobby pro-israélien. Le clivage est politique, pas ethnique.

Si des Juifs français sont antisionistes, d'autres sont au contraire profondément attachés à Israël et, pour cette raison, ils estiment qu'il faut protéger le gouvernement israélien contre ceux qui le critiquent. D'autres encore, tout en étant attachés à Israël, estiment que son gouvernement conduit une politique qui, à long terme, desservira les intérêts de ce pays. En revanche, il existe des Français non juifs qui soutiennent globalement le gouvernement d'Israël et dénoncent ceux qui le critiquent. Leurs raisons et leurs motivations peuvent être extrêmement diverses. Elles peuvent prendre leur source dans une réaction au génocide nazi, dans l'admiration portée à un petit pays parti de rien et dont l'esprit pionnier a assuré la réussite, dans l'attachement à la démocratie israélienne, ou le mode de vie des Israéliens, dans une alliance familiale avec des Juifs...

D'autres peuvent également le faire pour des raisons moins nobles, parce qu'ils n'aiment pas les Arabes par exemple, et qu'Israël leur apparaît comme le seul État qui n'hésite pas à s'en prendre à eux. Certains le font par prudence, parce qu'ils estiment que critiquer Israël revient à dresser contre soi des gens très déterminés. À l'extrême, quelques Français non juifs appartiennent au lobby pro-israélien tout en étant antisémites. Ils croient que les juifs sont si puissants (et forment un lobby unifié) qu'il vaut mieux être de son côté. Il faut reconnaître malheureusement que si critiquer le gouvernement israélien peut conduire à des déboires personnels ou professionnels graves, le soutenir ou dénoncer ceux qui le critiquent n'a jamais porté atteinte aux intérêts de quiconque.

Ce lobby pro-israélien est d'autant plus actif que l'image du gouvernement israélien se dégrade profondément. Reconnaissant implicitement que le gouvernement israélien est difficilement défendable dans le cadre d'un débat rationnel et argumenté, ils brandissent l'arme atomique de l'antisémitisme afin d'empêcher tout débat.

La France et l'antisémitisme

En juillet 2004 le Premier ministre israélien Ariel Sharon appelait les Juifs de France à immigrer immédiatement en Israël. Selon lui, « en France, il se répand un antisémitisme déchaîné ». Le fait que « 10 % de la population française soit constituée de musulmans fournit un terrain à une nouvelle forme d'antisémitisme ». Il reprenait une thématique développée par plusieurs responsables israéliens ayant dénoncé à de nombreuses reprises le climat d'antisémitisme en France.

Les autorités françaises réagirent immédiatement à ces propos qualifiés « d'inacceptables ». Les représentants de la communauté juive française reprochèrent au Premier ministre israélien de mettre de « l'huile sur le feu ».

L'accusation d'antisémitisme portée contre la France par le gouvernement israélien a deux fonctions précises. La première est dans la logique du sionisme. L'État d'Israël est là pour accueillir tous les Juifs de la terre. La seconde est d'entraver la capacité diplomatique de la France, afin qu'elle cesse de s'élever contre la politique israélienne. Ces accusations contre l'antisémitisme français ont toujours lieu lorsque Israël est en difficulté diplomatique. Il y a une sorte d'interaction entre les deux. Il est entièrement faux et injurieux de dire que la France est un pays antisémite, qui nie aux Juifs le droit de vivre en sécurité et d'être intégrés. En revanche, on constate un réel développement des actes antisémites en France qui déclenchent une inquiétude et même une angoisse chez de nombreux Juifs français.

Le nombre d'actes antisémites a effectivement augmenté. Mais le fait qu'il y ait des actes antisémites en France ne veut pas dire que la France soit un pays antisémite. On est loin de « l'Année de cristal » dénoncée à plusieurs reprises par Alain Finkielkraut dès 2002. On ne peut à la fois qualifier ainsi l'année 2002 et affirmer qu'on assiste depuis lors à une montée inquiétante de l'antisémitisme. Cela n'est pas crédible et nuit donc à un combat rationnel contre l'antisémitisme. La République ne tolère ni n'encourage l'antisémitisme, comme ce fut le cas de l'État allemand lors de la Nuit de cristal. Au contraire, elle le combat avec un arsenal législatif plus sévère que dans les autres pays européens. Les dirigeants communautaires ne sont pas ostracisés par les pouvoirs publics. Le dîner annuel du CRIF réunit un nombre impressionnant de ministres et constitue, après les réunions gouvernementales et quelques cérémonies officielles, l'événement où les ministres sont en plus grand nombre.

On ne connaît pas d'exemples de bavures policières antisémites, ce qui serait le cas si l'État éprouvait une tolérance pour l'antisémitisme. Une telle absence prouve au contraire qu'il le combat assez vigoureusement pour dissuader tout dérapage individuel ou collectif des forces de l'ordre. Le gouvernement, les élus et les médias se mobilisent immédiatement et massivement dès qu'il y a un incident antisémite.

On peut d'ailleurs souligner que les agressions comparables contre d'autres minorités ethniques ne donnent pas lieu à une telle mobilisation, ce qui suscite d'ailleurs des reproches, et l'accusation de l'application de « deux poids, deux mesures ». Cela peut conduire non pas à combattre l'antisémitisme, mais à le nourrir et à donner lieu à des dérapages.

Nier qu'il y ait une augmentation des actes antisémites serait nier la réalité. Mais affirmer, à partir de cela, que la France est minée par l'antisémitisme, qu'il y a un déferlement d'actes antisémites et que l'antisémitisme est le problème numéro un en France est dangereux. Le risque est grand tout d'abord de passer de la vigilance à la panique. Le rôle des intellectuels et des responsables communautaires est-il d'attiser les peurs, d'exacerber les angoisses ou de jouer un rôle pédagogique ?

En juin 2004, tous les médias évoquaient une agression à l'arme blanche qui avait eu lieu à Épinay-sur-Seine sur un jeune Juif. Tout le monde s'emballait. Mais les jours suivants, le même agresseur s'en prenait dans les mêmes conditions à six autres personnes aux origines ethniques variées, allant de l'Afrique à la Bretagne, en passant par le Portugal et le Maghreb. Un Juif avait bien été attaqué, mais il ne s'agissait pas d'une agression antisémite.

La jeune Marie L., dont « l'aventure » à défrayé la chronique pendant l'été 2004, constitue un exemple symptomatique. Légèrement mythomane et apparemment troublée, elle voulait de son propre aveu que l'on s'occupe d'elle. Elle a donc inventé une histoire d'agression sur la ligne D du RER parisien par de jeunes Maghrébins et de jeunes Noirs qui la croyaient juive. Toute la classe politique ou presque s'est précipitée pour dénoncer cette odieuse agression et la lâcheté des passagers, qui n'étaient pas intervenus. Un responsable de la Ligue internationale contre le racisme et l'antisémitisme (LICRA) a même parlé de « nazis de banlieues ».

Bien sûr, aucun de ceux qui ont commenté l'affaire n'est responsable de la fragilité psychologique de cette jeune mère de famille. Mais dans son trouble, la jeune Marie L. a très bien compris comment il fallait présenter les choses pour faire parler d'elle. On a du coup déclenché un réflexe de peur chez les Juifs, de lassitude chez les non-Juifs, tout en stigmatisant les jeunes Maghrébins.

Quelques jours plus tard, les médias se mobilisaient de nouveau à propos de dégradations dans un cimetière juif près de Lyon. L'acte était signé Phineas. Peu après, on découvrait que le Phineas en question n'avait rien d'un jeune Maghrébin enflammé par le conflit du Proche-Orient, mais était proche de l'extrême droite. Peu de temps auparavant, il avait agressé à coups de hache un Arabe dans la rue. Celui-ci n'était pas allé porter plainte, comme s'il avait intégré que cela était inutile. C'est parce qu'il était déçu de n'avoir pas eu la publicité qu'il recherchait avec son agression à la hache que Phineas s'en était allé dégrader le cimetière.

Fin août 2004, un incident ravageait un local culturel juif dans le XIe arrondissement de Paris. De nouveau, emballement médiatique, les autorités publiques se rendent sur les lieux et dénoncent l'acte antisémite. Le ministre israélien des Affaires étrangères, de passage à Paris, s'y rend également – était-ce d'ailleurs vraiment la meilleure façon de lutter contre le lien fait entre Juifs de France et Israéliens ? Il condamne aussi l'acte, et s'il exonère le gouvernement français de toute responsabilité, il met en cause la justice française, coupable d'avoir relaxé l'humoriste

Dieudonné[5]. On apprend peu après que l'incendie avait été déclenché par un habitué du lieu, de confession juive lui-même, et mécontent de devoir rendre le logement qui avait été mis à sa disposition.

Manifestement, ce n'est pas la relaxe de Dieudonné qui l'avait motivé, ni l'antisémitisme. On peut relier cette affaire à d'autres extrêmement médiatisées dont le caractère antisémite n'a, par la suite, pas été confirmé par l'enquête (incendie du lycée juif de Gagny le 15 novembre 2003, agression contre le rabbin Fahri le 3 janvier 2004, messages de menace adressés à Axel Moïse, président de la Fédération sioniste de France, en janvier 2004).

Il est donc faux de dire que les médias organisent le « black out » sur les agressions antisémites. On peut au contraire estimer qu'ils les survalorisent par rapport aux autres incidents racistes, à un point tel que cela suscite des vocations chez quelques écervelés. On a retrouvé de jeunes lycéens qui avaient commis des dégradations dans

5. Accusé d'antisémitisme à la suite de sa représentation du sketch du colon sioniste, lors de l'émission de Marc-Olivier Fogiel sur France 3 en décembre 2003, Dieudonné a été relaxé par la cour d'appel de Paris à l'été 2004.

un cimetière juif pour imiter ceux qu'ils avaient vus à la télé.

À l'inverse, les violences exercées par des groupes extrémistes juifs, qui justifient leur action par la nécessité de lutter contre l'antisémitisme, donnent lieu à des comptes rendus très brefs dans la presse – quand ils sont signalés – et par une absence quasi-totale de dénonciation des pouvoirs publics. Il en fut ainsi des ratonnades en marge de la manifestation du CRIF du 7 avril 2002 au cours de laquelle un commissaire de police fut poignardé – l'affaire n'est toujours pas élucidée –, des saccages par des bandes armées de différentes librairies ou d'expositions « pro-palestiniennes », d'une aspersion de gaz sur une enfant de 7 ans lors d'un spectacle de Dieudonné à Lyon, d'une attaque en plein tribunal d'étudiants palestiniens, de l'agression d'un secrétaire général du Mouvement contre le racisme et pour l'amitié entre les peuples (MRAP), Mouloud Aounit... Noël Mamère a, quant à lui, été agressé physiquement à plusieurs reprises par des extrémistes juifs, notamment lors d'une manifestation contre l'antisémitisme. Imagine-t-on la réaction de la presse et de la classe politique si un ancien candidat à la présidence de la République avait été malmené par des extrémistes musulmans ?

Curieusement, lorsque des Juifs critiques à l'égard de Sharon sont menacés de morts ou molestés, la presse est plus discrète et les responsables politiques muets.

Ce sont pourtant bien des actes antisémites, puisqu'on reproche à ces intellectuels d'être des « traîtres juifs ». Mais on semble juger moins grave les agressions dont ils sont victimes parce qu'ils sont critiques à l'égard d'Israël.

Faudrait-il en conclure que la défense d'Israël l'emporte sur la lutte contre l'antisémitisme ? On ne voit guère d'autres explications rationnelles. On pourrait d'ailleurs citer l'exemple suivant en ce sens.

En février 2004, Leïla Shahid, représentante de l'Autorité palestinienne en France, devait faire une conférence dans un lycée de Nice, avec le journaliste Dominique Vidal, rédacteur en chef du *Monde diplomatique* et l'écrivain israélien Michel Warschawski. Leïla Shahid a toujours condamné l'antisémitisme, toujours affirmé que ceux qui commettent des actes antisémites trahissent la cause palestinienne. Avec les deux autres conférenciers, elle plaide pour la paix au Proche-Orient et montre que juifs et arabes peuvent fort bien s'entendre. Pourtant, les représentants institutionnels de la communauté juive ont plaidé pour faire interdire la conférence. Les autorités de l'État ont cédé à la pression.

Passons sur l'effet qu'une telle interdiction peut avoir sur le public. Mais le plus important dans l'affaire est, qu'une fois encore, on a fait prévaloir la défense du gouvernement d'Israël sur la lutte contre l'antisémitisme. Leïla Shahid aurait condamné à la fois l'antisémitisme et critiqué le gouvernement israélien. Sa volonté d'occulter ce dernier point a prévalu sur l'urgence à faire barrage à l'antisémitisme.

La médiatisation du conflit israélo-palestinien

Une complainte fréquemment entendue consiste à dire que la médiatisation des événements du Proche-Orient attise l'antisémitisme. La vue des violences là-bas en entraînerait d'autres ici.

Cela entretiendrait, chez certains jeunes peu au fait des subtilités politiques proche-orientales, une confusion entre Juifs français et israéliens. Estimant que les Juifs israéliens exercent une violence illégitime sur les Palestiniens, ces jeunes « vengeraient » ces derniers en se livrant à des actes antisémites en France. Cet argument est fréquemment repris par des responsables communautaires ou par des intellectuels. Ils regrettent d'ailleurs que le conflit du Proche-Orient soit surmédiatisé par rapport au nombre de victimes. Pourquoi, disent-ils, l'Agence France-Presse (AFP) procède-t-elle à un décompte du nombre des victimes au Proche-Orient alors qu'elle ne le fait pas dans d'autres conflits ?

La réponse à cette question réside tout simplement dans le fait que, matériellement, le décompte est possible. Ce qui est moins le cas en Tchétchénie ou au Darfour. Il est certain que le conflit du Proche-Orient occupe une place plus importante dans les médias que des conflits pourtant plus sanglants, en Afrique par exemple. Mais c'est tout simplement parce que la région est historiquement, culturellement, géographiquement, stratégiquement plus proche de nous.

On aurait pu dire que les événements du Kosovo recevraient, malgré une létalité moins grande, plus d'attention que les horribles guerres civiles du Libéria et de Sierra Leone. On peut, d'un point de vue moral (toutes les vies et donc toutes les morts se valent), regretter qu'une sorte d'occidentalo-centrisme nous fasse nous préoccuper plus des conflits proches que des conflits lointains. Mais de toute façon, il est faux de dire que cela joue spécifiquement dans le cas israélo-palestinien et il y aurait d'intéressantes comparaisons à faire entre les prises de position sur le conflit du Kosovo d'une part, et sur celui du Proche-Orient d'autre part.

D'ailleurs, serait-ce une solution que de faire un « black out » sur ce conflit ? De ne pas en parler pour ne pas jeter d'huile sur le feu dans nos banlieues ? Mais comment organiser une telle manœuvre par rapport à une presse diversifiée, aux télévisions satellitaires, aux radios, à Internet ? Elle aurait pour effet de développer la rumeur, qui est l'alternative la plus fréquente à l'absence d'information. Ces accusations stupides contre « les Juifs qui tiennent les médias », que l'on entend malheureusement quelquefois, se développeraient de façon exponentielle. Et le problème ne serait pas altéré mais aggravé.

Ces médias répercutent les événements, ils ne les inventent pas. Il vaut mieux faire cesser le conflit que de le laisser pourrir et croire possible de s'en abriter en n'en parlant pas.

En octobre 2004, l'Union des étudiants juifs de France (UEJF) a voulu lancer une campagne de sensibilisation sur l'antisémitisme. L'UEJF reconnaît l'existence d'un « fossé entre la prise de conscience des pouvoirs publics » et des « citoyens mal informés et indifférents[6] ». C'est le moins que l'on puisse dire car ce fossé s'élargit. Il s'installe une réelle incompréhension dans la société française. Il y a d'un côté une peur réelle éprouvée par de nombreux Juifs de France qui se sentent en insécurité. Cette peur est le produit de la montée des actes antisémites. Elle est aussi le produit des déclarations alarmistes des responsables et intellectuels communautaires.

Cette peur est comprise par les pouvoirs publics et par la presse, ainsi que par la majeure partie de la classe politique. Mais elle ne l'est pas par de nombreux Juifs, qui y voient un repli communautaire jugé

6. *Libération* du 22 octobre 2004.

dangereux[7]. Elle n'est pas comprise non plus par la majorité des Français qui estime que l'antisémitisme n'est pas le problème numéro un de la société française : 5 % seulement d'entre eux pensent qu'il représente la principale forme de racisme[8]. La majorité estime qu'il faut combattre ensemble toutes les formes de racisme et ne pas réserver un traitement particulier et spécifique à l'antisémitisme, une distinction pouvant s'avérer dangereuse. Une majorité de nos concitoyens estime que si l'on doit exclure un élève d'un établissement scolaire pour avoir traité un camarade de « sale Juif », il faut également exclure ceux qui profèrent des insultes comme « sale Arabe » ou « sale Noir », quand ils n'utilisent pas de formules encore plus crues !

La plupart des Français craignent aussi une montée des tensions débouche sur la demande d'interdiction ou de non-diffusion de livres, films, spectacles pour antisémitisme supposé, alors que la plupart du temps ils se bornent à critiquer l'action du gouvernement d'Israël. Enfin, ceux-là

7. Cf. la pétition « Une autre voix juive ».
8. *Le Figaro* du 25 octobre 2004.

même refusent que le combat contre l'antisémitisme qu'ils partagent, soit dévoyé au profit de la protection d'un gouvernement – celui d'Israël – dont ils estiment que l'action est condamnable.

Dans une note puis un article publié dans *Le Monde* du 4 août 2001, j'écrivais que « le lien entre la lutte contre l'antisémitisme et la défense à tout prix d'Israël tourne court et peut même s'avérer contre-productif. On ne combattra pas l'antisémitisme en légitimant l'actuelle répression des Palestiniens par Israël. On peut au contraire et malheureusement le développer aussi[9] ». Je persiste et signe.

9. Repris dans *Est-il permis de critiquer Israël ?*, Robert Laffont, 2003.

*

Alain Houziaux

Ne craignez-vous pas que votre remarque sur la disproportion en France entre le nombre des juifs et celui des musulmans suscite une angoisse chez beaucoup de Juifs français ? Les juifs sont six cent mille dans notre pays, les musulmans vont être trois, quatre ou cinq millions, et ils seraient donc les seuls à obtenir satisfaction.

Pascal Boniface

J'ai déjà fait remarquer ailleurs que si la communauté juive misait sur son poids pour soutenir Israël, cela créerait en sens inverse un communautarisme des musulmans qui sont plus nombreux. Il ne faut pas en conclure que parce qu'il y a plus d'Arabes que de juifs en France, il faut être pro-palestinien.

Alain Houziaux

Considérez-vous qu'il y ait une recrudescence de l'antisémitisme ? Et pensez-vous qu'il y a un lien entre antisioniste et antisémitisme. Comment réagir à l'amalgame fait entre l'antisémitisme et le rejet de la politique de l'État d'Israël ?

Pascal Boniface

Oui, il y a une recrudescence de l'antisémitisme en France et dans le monde, sans aucun doute. C'est une réalité qu'on ne peut pas nier. Elle s'exprime sous deux formes.

D'une part il y a l'antisémitisme « de papa », avec les cimetières profanés par exemple. Selon certains il serait dépassé par la judéophobie qui serait le propre des milieux musulmans, de l'extrême gauche et de l'altermondialisme. Il y a effectivement dans les banlieues, parmi une catégorie de jeunes arabes, une parole antisémite qui se libère. Ce n'est pas parce qu'ils sont arabes qu'il faut les excuser d'être antisémites.

D'autre part, et c'est cela qui me paraît le plus dangereux, il y a une sorte de fatigue sur ce débat, et on entend de plus en plus : « Toujours le débat sur l'antisémitisme… On a l'impression qu'il n'y a que ce problème en France »… Et c'est cela qui me semble se développer en France de manière dangereuse, car il y a comme un fossé entre la perception chez les uns de l'antisémitisme qui serait devenu une force insubmersible, et d'autres qui pensent qu'on gonfle artificiellement les problèmes, et certaines affaires viennent renforcer cette perception.

Sur le lien avec le Proche-Orient, par rapport à l'antisémitisme qui existait déjà, il est certain que les événements qui s'y passent viennent jeter du sel sur des plaies qui existaient auparavant.

ISRAËL, UN PEUPLE OU UNE NATION ?

par Jacques Attali

L'antisémitisme est un problème majeur, mais ce n'est, de nos jours, ni le seul, ni celui que je placerais en tête, s'il fallait faire une lugubre hiérarchie des douleurs. Dans la France d'aujourd'hui, en particulier, il est plus difficile d'être musulman que d'être juif. Chaque jour qui passe le confirme.

Il faut donc penser l'antisémitisme dans un contexte plus vaste, celui de la violence des hommes contre les hommes, de la difficulté des hommes à se tolérer, à se supporter, à se vouloir du bien. Et penser le sort des Juifs comme une prémonition du sort du reste de l'humanité.

Comme le peuple juif est un peuple d'avant-garde, découvrant l'idée de Dieu, et tant d'autres choses, l'antisémitisme est aussi à l'avant-garde de toutes les formes de barbarie. Comme le peuple juif est pionnier de l'éthique, l'antisémitisme est pionnier du mal, l'annonciateur de toutes les autres formes de barbarie. Et, en cela, chacun, même les plus éloignés du judaïsme ou du sionisme, est donc concerné. Chacun doit regarder l'antisémitisme comme une dimension fondatrice de la violence attachée à la condition humaine. Chacun doit le comprendre, le combattre, si l'on veut que chacun continue de supporter la présence de l'autre sur la même terre.

C'est dans ce contexte que je formulerai les quelques remarques qui vont suivre.

L'État dans la tradition juive

J'aborderai d'abord la place du concept d'État dans la doctrine et dans la tradition juive. Pascal Boniface a dit qu'« Israël s'était installé en Palestine ». C'est inexact. Et les mots sont d'une grande importance. Il faut éviter ces glissements sémantiques qui sont toujours facteurs de débat sur la légitimité. Je rappelle que le mot « Palestine », qui vient de l'hébreu, est apparu bien après le mot « Israël ». Les Palestiniens, en tant que nation, sont apparus bien après, comme des successeurs pour l'essentiel des Philistins, ayant envahi une partie d'un territoire voisin de celui où se trouvait déjà le peuple juif, lui-même ayant annexé un territoire habité par d'autres. Les malheurs et l'ironie de l'Histoire veulent qu'aujourd'hui, les Palestiniens vivent là où se situait l'État d'Israël, et que la politique ait installé l'État d'Israël là où se trouvait originellement la présence philistine.

Le peuple juif a cette caractéristique particulière d'être un peuple d'origine nomade ayant une terre promise. C'est donc un peuple très particulier : un peuple nomade – comme tous les autres peuples et tribus avant lui –, mais qui vise, en plus, pour la première fois, au temps d'Abraham, une terre Promise, c'est-à-dire un but sédentaire. En cela, il est très intéressant. Il est un peuple nomade très particulier, le premier dont le voyage a une finalité, celle que lui désigne Dieu. Et cela, à une date particulière, environ 3 000 ans avant notre ère, très exactement au moment où historiquement, à cet endroit même, apparaît l'idée et la pratique de la sédentarité. La Bible, de ce point de vue, correspond très exactement aux découvertes les plus récentes des historiens et incarne donc très bien, dans l'archéologie historique, le moment où l'humanité passe du nomadisme à la sédentarité. C'est sans doute le premier peuple de l'Histoire à ne pas être errant éternel, mais errant avec un but.

Le peuple juif ne va jamais quitter cette double caractéristique : nomade et sédentaire à la fois, par sa nature. Nomade avec un but. Voyageur pour accomplir une mission, traversant l'espace dans une direction, donnant un sens au temps, sortant du temps cyclique du paysan, du temps vide du nomade, pour inventer le temps irréversible de l'Histoire. Il est l'inventeur, en ce sens, du projet humain et donc du progrès, de la science, de l'accumulation du savoir. Et pour cela, il lui faut être à la fois nomade ET sédentaire. Tout homme de l'avenir, comme lui, ne pourra survivre que s'il est à la fois nomade « et » sédentaire.

Il faut toujours garder à l'esprit que l'un des premiers apports du judaïsme au reste de l'humanité, c'est justement cette apologie de la multidimensionalité. Ce refus du « ou », de l'exclusion, de l'unicité du sillon, de l'identité trop bien définie, du déterminisme, de l'héritage génétique, du passé déterminant l'avenir. Ce refus de l'identité simpliste, de l'exclusivité dans l'appartenance. La nécessité d'être l'autre, pour le comprendre et pour éviter qu'il soit votre ennemi. D'être l'autre avant d'être soi. C'est ainsi que s'exprime la haine de l'exclusivité dans l'appartenance.

Le pouvoir politique et le Temple

Je souhaite maintenant formuler quelques remarques sur les propos du pasteur Alain Houziaux. Il faut bien comprendre ce qui se passe au moment où s'installe l'État d'Israël, au temps des Rois. Et ce n'est pas si simple. Car, entre le temps des prophètes et le temps des Rois, il y a le temps des Juges. Il est très important de noter que, dans la tradition juive, les Juges sont situés entre les Prophètes et les Rois. Comme si, entre le pouvoir théocratique et le pouvoir politique, on avait voulu rêver à un pouvoir de la loi, sans prince ni police, ni armée. Et en effet, pendant un long moment, presque deux siècles, il y a trente-quatre siècles, le peuple juif a espéré être gouverné seulement par des valeurs morales, celle des prophètes. Sa société est devenue si complexe qu'il lui a fallu le droit pour se gouverner. Et il a ensuite longtemps cru – un siècle et demi – que le droit suffirait à maintenir l'ordre, la prospérité et la paix civile.

Puis s'est posée la question de savoir si le droit suffisait, parce que, face aux ennemis de l'extérieur, une armée était aussi nécessaire pour se défendre. Il y a eu alors un magnifique débat autour de Samuel, le dernier juge, sur la question de savoir s'il fallait un Roi – donc une armée, et des impôts pour lever cette armée –, avec le risque de dégradation morale lié au pouvoir. Relisez ce texte d'une incroyable actualité sur l'inévitable dégradation morale de tout pouvoir politique.

Il faut bien voir ce qui se passe alors historiquement. Il y a un premier Roi, Saül. Cela se passe très mal. Il tente de mettre son fils sur le trône, cela se passe très mal aussi. Arrive un autre roi, David, venu du peuple – ce qui marque une tentative de renoncer à la transmission héréditaire de la royauté. Mais David transmettra la royauté à son fils, Salomon. Pour le pire : Salomon est le dernier roi de l'État d'Israël car après lui, l'État se scinde en deux et se défait : l'État d'Israël est coupé en morceaux, l'État d'Israël dans son unité n'existe plus… Il est fascinant de réaliser que l'État d'Israël a duré très peu de temps, du couronnement de Saül à la mort de Salomon. Et il disparaît jusqu'en 1948.

Salomon bâtit quelque chose de très important : le Temple, avec l'idée qu'une valeur morale sera le gage de l'identité nationale. Lors de l'inauguration du Temple, le roi fait en effet un discours très important, qu'on appelle dans la tradition juive « le discours aux soixante-dix Nations ». Il y explique que le peuple juif ne sera jamais heureux si ne sont pas d'abord heureuses les soixante-dix Nations qui l'entourent. Parce que la fonction d'avant-garde du peuple juif – non pas « élu » mais « choisi » selon la bonne traduction – est d'apporter le bonheur à l'humanité. Mais, plus encore, pour Salomon, si nos voisins – ceux qui nous entourent – ne sont pas heureux, ils ne nous laisseront pas en paix, et nous ne serons pas heureux. Nous ne sommes pas loin de l'actualité !

Il y a donc une double affirmation. C'est une conviction liée à l'éthique : « Notre morale impose que nous ne pouvons pas être heureux non plus longtemps que quelqu'un, dans notre entourage, est malheureux, car, en tant qu'avant-garde, nous devons porter la conscience de l'indignation face au malheur » et, en même temps, une considération pragmatique qu'« il est de notre intérêt de rendre les autres heureux car si quelqu'un autour de nous est malheureux, il ne nous laissera pas en paix ».

Dieu, l'argent et le prêt

Là commence la tragédie du peuple juif, qui va le mettre en situation de perdre sa terre. Car c'est ainsi que peut se comprendre la nature de l'antisémitisme qui, pour moi, tient à un mot qui peut vous paraître étrange : prêteur. Au fond, quand Salomon dit au peuple juif : « Notre mission, c'est d'aider les autres à être heureux car c'est la condition-même de notre bonheur », il dit aussi : « Tout ce que vous avez vous devez l'apporter aux autres. » Le donner sans le perdre, le partager, donc : le prêter. Et celui qui prête est mal vu de celui qui reçoit. Car nul n'aime celui à qui il est redevable de quelque chose d'essentiel. Nul n'aime ceux qui aident à son bonheur : « J'en veux à celui qui me rend service. » La source de l'antisémitisme est à chercher dans ce qu'on appelle en littérature le « complexe de Monsieur Perrichon », parce qu'on le retrouve dans cette merveilleuse pièce de Georges Feydeau.

Et qu'est-ce que le peuple juif a apporté d'essentiel, par les circonstances, à l'humanité ? Qu'a-t-il apporté, pour rendre heureux les soixante-dix autres nations dont parle Salomon ?

D'abord, le monothéisme. Même si on peut gloser sur le fait qu'il a eu d'autres sources parallèles et même si le monothéisme surgit comme une évidence en plusieurs lieux, à la même époque. En inventant le monothéisme, le judaïsme n'apporte pas seulement l'idée de Dieu, mais toute l'histoire de son rapport à Dieu. Et donc ses lieux saints, qu'il va aussi devoir prêter aux autres monothéismes, pour les partager avec eux. Le christianisme a débattu longuement de cette question : comment pouvons-nous admettre que notre Dieu, nous l'ayons pris à quelqu'un d'autre ? Au point que la plupart des chrétiens ne savaient plus, jusqu'à il n'y a pas longtemps, que Jésus était juif. Il faut se souvenir qu'une très grande fraction de l'Église, entre le Ier et le IIIe siècle, s'est disputée pour savoir si Jésus était le Fils du Dieu des juifs ou celui d'un autre Dieu. Car comment notre « Dieu d'amour », disaient-ils, peut-il être le Fils d'un Dieu jaloux et coléreux ? C'est impossible ! Le choix a d'ailleurs été non seulement difficile, mais plus politique que théologique.

Ensuite, le peuple juif a apporté l'argent. Pour des raisons historiques particulières au Xe et au XIe siècles, il a été placé en situation d'être forcé à être le banquier du capitalisme naissant. Il n'a pas inventé l'argent, ni le marché, mais il a été en situation d'être celui qui devait, le premier et le seul, mettre l'argent au service de l'avenir, l'investir. En cela il a prêté deux choses à l'humanité : son Dieu, et son argent. On pourrait expliquer que les deux sont liés, car l'un et l'autre sont une façon de donner un sens très particulier au temps, de lui donner une direction, de penser qu'il participe d'une action, d'une mission, d'une téléologie… Mais c'est une autre question.

Le peuple juif a apporté à l'humanité l'idée de Dieu et celle de l'usage de l'argent pour construire l'avenir. Et avec l'un et l'autre s'associent des valeurs morales, qui n'exigent non pas que nous soyons supérieurs, mais que nous nous montrions moralement exigeants.

Et, comme on en veut toujours à celui qui vous apporte quelque chose, on veut se débarrasser de celui qui nous a prêté Dieu et l'argent.

L'antisémitisme est ainsi lié à deux notions majeures de notre humanité : le monothéisme et l'économie de marché. Et il s'est toujours manifesté dans des situations très précises, que Hannah Arendt a décrit plusieurs fois. Théorème : l'antisémitisme ne se développe que lorsque les juifs sont faibles. Quand ils sont puissants, on les respecte. Quand on sent que leur puissance est remise en cause, on les attaque. C'est le cas au milieu du Moyen Âge, quand apparaissent les banquiers lombards (qui sont d'ailleurs pour l'essentiel des juifs convertis). C'est aussi le cas à la fin du XIXe siècle, quand disparaissent les banques juives et qu'on commence à les accuser pour leur puissance. Et c'est cette fragilisation, qui les pousse à revenir vers la terre.

Nécessité d'Israël et de l'État palestinien

Le retour d'Israël est donc une suite logique de cette histoire. Et la recréation d'Israël ne s'explique que par cette impossible vie en diaspora, dont la Shoah n'est que le paroxysme. Ce n'est pas la Shoah qui a créé l'État Juif. Elle l'a au contraire retardé. Les conditions de cette recréation étaient établies depuis 1933, et la déclaration de guerre en 1939 a retardé le processus. Israël n'est donc pas le produit de la Shoah, comme le disent beaucoup d'antisionistes. Même si les nations d'Occident sont coupables de ne pas avoir fait ce qu'il fallait pour sauver les Juifs quand ils pouvaient encore l'être.

On ne peut pas dire non plus qu'un nouvel antisémitisme soit le produit récent du conflit israélo-palestinien. Le conflit d'aujourd'hui ne créé pas l'antisémitisme. Et le refus d'Israël par les nations arabes existe depuis l'origine de la création d'Israël. Les nations arabes n'ont jamais accepté l'État d'Israël, bien qu'elles n'aient commencé à accepter l'idée de la Palestine comme désir d'identité nationale que depuis 1967.

À l'inverse, on ne peut pas dire non plus que quiconque critique la politique du gouvernement d'Israël commet un acte antisémite, ou alors il faudrait considérer comme tels l'essentiel de la presse israélienne !

Il ne faut pas caricaturer la position d'Israël et des Israéliens en général. Il y a une évidence de la reconnaissance de la Palestine, comme une Nation nécessaire. Les accords récents de Genève montrent qu'il y a des volontés de paix, et l'opinion publique israélienne qui vote Sharon, est convaincue de la nécessité d'un État palestinien. Il y a aussi un consensus autour de la nécessité de la construction d'un Marché commun dans la région.

Il reste une seule discussion grave, celle de la gestion du terrorisme et du chemin vers la reconnaissance réciproque de deux nations pacifiques. Plaise au ciel que nos Nations d'Europe n'aient pas à affronter le terrorisme comme Israël aujourd'hui. Car qui sait comment on se comporterait si des bombes sautaient n'importe où dans Paris ? La seule question qui se pose aujourd'hui est donc la suivante : comment sortir de l'engrenage de la violence dans lequel tout le monde est placé ? Avec le grand danger de voir le glissement du débat mêler l'antisémitisme avec l'antisionisme, avec le sentiment que tous les problèmes de la planète seraient réglés si Israël n'existait pas.

Israël n'a existé que deux fois dans l'histoire. La première fois, cela a duré soixante-dix ans à peu près. Qu'en sera-t-il cette fois-ci ? Beaucoup d'antisémites aujourd'hui murmurent que, si Israël disparaissait, tous les problèmes de la planète seraient réglés. Ils mêlent aujourd'hui l'antisémitisme, l'antisionisme, l'anti-américanisme, et l'anti-occidentalisme.

Tout est la même chose, antisionisme = antisémitisme = anti-Occident = anti-américanisme. Il suffirait, pour ces gens-là, d'en finir avec Israël pour en finir avec les valeurs occidentales et tout ce qu'elles représentent. Et pour les antisémites de l'Occident, il suffirait de se débarrasser d'Israël pour que disparaissent les problèmes.

C'est aussi l'avant-garde d'un problème moral : aujourd'hui, nous allons vers une sorte de banalisation du mal, annonce d'une barbarie contre toutes les minorités qui, par leur nature, sont universalistes. Chacun devrait être conscient que, si on laisse avancer l'antisémitisme et son corollaire, l'antisionisme, on assistera à la généralisation de la violence contre toutes les formes d'identité, et en particulier contre les valeurs de l'Occident, c'est-à-dire les valeurs de la liberté individuelle.

Aujourd'hui, l'Occident est menacé, dans son existence, dans ses valeurs, dans ce qu'il a apporté à l'humanité : l'idée de la liberté individuelle. Et face à cette menace, il y a, sur la planète entière, un discours de désignation d'une conspiration. Dans une grande partie de la presse du monde arabe, on trouve des caricatures et des discours désignant les sages de Sion soit comme étant juifs, soit comme étant américains. L'antisémitisme est donc à l'amorce d'un conflit géopolitique : Dieu contre Dieu, le Dieu des juifs contre le Dieu des musulmans, une guerre sainte, et on tape sur les tours de New York parce que c'est Jew York et pas parce que c'est l'Amérique.

L'antisémitisme est donc aujourd'hui non pas le refus d'un particularisme mais le refus de l'universalisme, et de ce qu'il porte de complexité, de multiappartenance, de tolérance les uns envers les autres.

Comme dans toutes les périodes baroques, au sens artistique du mot, c'est-à-dire les périodes complexes, on ne sait plus quelles valeurs dominent et où sont les tendances fortes. Apparaît l'idée que si c'est compliqué, il faut faire simple. Et la seule manière de faire simple, c'est toujours d'inventer une conspiration, avec l'idée qu'il y a quelqu'un qui manipule et contrôle par derrière.

Il m'arrive souvent de penser que nous sommes en train de vivre un cauchemar. L'humanité serait morte en 1945, avec la découverte des camps et des goulags. Nous ne savons pas que nous sommes morts ; notre civilisation a disparu mais elle continue à croire qu'elle vit. Le privilège de la condition humaine est d'être multiple, et de s'enrichir en montrant que la richesse des uns peut être la richesse pour les autres.

*

Alain Houziaux

Je suis très sensible au fait que vous ayez mentionné la fonction spécifique du peuple d'Israël, fonction universaliste d'avant-garde. Cette fonction, et son statut de « saint », au sens théologique du terme, confèrent-ils à la nation d'Israël des droits ou des devoirs particuliers ?

Jacques Attali

Il y a à cette question autant de réponses que de personnes qui répondront ; l'histoire juive est parsemée de réponses multiples à cette question. D'abord, il faut distinguer la fonction du peuple juif du sionisme. Le sionisme n'est pas, au départ, une doctrine religieuse ; c'est une doctrine nationaliste et socialiste. D'ailleurs, le mouvement socialiste juif de Pologne (Bund) a donné naissance au mouvement socialiste russe et au mouvement nationaliste juif. (Une devinette bien connue : quelle est la différence entre le Bund qui a donné le parti communiste soviétique, et le Bund qui a donné le mouvement sioniste en Israël ? La réponse est : le mal de mer ! Pointant ceux qui ont eu le courage de partir et de prendre le bateau pour aller en Israël) Et toute la doctrine sioniste est une revendication du droit à ne plus être l'avant-garde. Quand je disais qu'Israël était l'avant-garde, je ne faisais pas une revendication sur l'avenir mais un constat sur le passé. Il y a en effet tout un courant majoritaire de la pensée juive et israélienne aujourd'hui qui dit : « Nous revendiquons le droit d'avoir des gangsters, des prostituées, et d'être un peuple parmi d'autres et comme les autres. »

Pour moi, le peuple juif n'a pas de droits particuliers mais il a des devoirs particuliers, des devoirs moraux : être une démocratie plus exigeante, à l'affût du respect des règles morales de base, etc. Je ne dis pas que l'État d'Israël le fasse parfaitement, loin de là, mais je suis de ceux qui pensent que l'État d'Israël ne peut pas à la fois être l'héritier de cette histoire, revendiquer, au nom de cette histoire, une terre, sans revendiquer aussi tout ce que contient cette histoire, c'est-à-dire cette dimension d'avant-garde, y compris dans la mise en œuvre de la morale, ce qui est particulièrement difficile.

Peut-on rester moral dans la violence ? Nous aurons peut-être nous aussi en Europe à nous poser cette question. Je l'ai vécu, enfant, pendant la guerre l'Algérie qui m'a beaucoup marqué. Savoir qui a commencé est une question qui n'a plus d'importance. Peut-on rester moral quand on a fait prisonnier quelqu'un dont on sait qu'il sait que trois kamikazes sont partis avec des bombes dans des autobus ? Ce n'est pas la question de Karamazov :

« Peut-on tuer un enfant pour faire le bonheur de l'humanité ? » C'est une question pragmatique : « Peut-on rester moral dans une situation de guerre civile ? » Et dans le terrorisme, tel qu'il s'exprime aujourd'hui, il y a une attaque extraordinairement précise pour forcer le peuple juif à cesser d'être moral. J'espère que la résistance sera plus forte que la violence !

Pascal Boniface

Vous avez dit qu'il n'y a pas de lien entre le conflit israélo-palestinien et la résurgence de l'antisémitisme. De fait, il me semble que deux facteurs pourraient partiellement expliquer cela. Je dis partiellement car il me semble que si même demain un État palestinien était créé, le terrorisme continuerait, sous d'autres formes, et l'antisémitisme aussi.

La perception de la cause palestinienne dans le monde n'est plus la même sous l'action de deux phénomènes. D'abord, la notion d'ingérence a progressé partout, sauf sur ce conflit ; ensuite, les chaînes satellitaires transportent les mêmes images en boucle partout, ce qui n'existait pas il y a seulement vingt ou trente ans.

Le second facteur, c'est que la durée de ce conflit qui s'est installé fait qu'on ne le voit plus de la même façon qu'on le voyait auparavant.

Jacques Attali

Nous sommes au XVe siècle de l'islam. C'est celui où, dans le calendrier chrétien, a commencé la Réforme. Et c'est aussi le moment où peut surgir une réforme dans l'islam, peut-être en France, lieu de confrontation de la modernité et de l'islam. C'est de cela que les extrémistes ont une peur majeure. Pour l'empêcher, il leur faut essayer d'obtenir le pouvoir sur les lieux saints. De ce point de vue, ce qui se passe en Israël est secondaire par rapport à la lutte principale à l'intérieur de l'islam. Et la disparition de l'État d'Israël ne serait pas la fin du terrorisme. Il y a aujourd'hui un danger de voir la globalisation focalisée sur ce conflit ; même si les extrémistes du monde musulman ne considèrent pas la destruction de l'État d'Israël comme leur première revendication. Pour eux, le premier problème, c'est la « libération » des lieux saints en Arabie Saoudite.

Si l'État palestinien n'est pas créé rapidement, l'État d'Israël disparaîtra.

L'existence de l'État palestinien, même s'il est très difficile à créer et à mettre en œuvre, est la condition d'une paix, sans laquelle Israël sera en situation d'être le bouc émissaire, désigné à tous les coups. Personne n'a donc plus intérêt à l'existence de l'État palestinien que l'État d'Israël. C'est pourquoi les adversaires de l'existence d'Israël font tout pour rendre impossible la création de l'État palestinien.

LA JUDÉOPHOBIE, UNE AFFAIRE THÉOLOGICO-POLITIQUE

par Gérard Israël

Au temps de l'empereur Auguste, les Romains disaient que les juifs étaient « un peuple de philosophes ». À la mort du successeur de César, en l'an 17 de notre ère, Jésus de Nazareth n'avait guère commencé sa prédication, de sorte que les descendants des Hébreux apparaissaient comme les seuls qui croyaient en un Dieu unique. Les arguments qu'ils développaient leur avaient probablement valu cette qualification de peuple de philosophes. Pourtant, les juifs étaient porteurs d'une idée profondément opposée à la pensée et à la civilisation romaines. Dieu, affirmaient-ils, était exclusif de toute autre divinité : « Tu n'auras d'autre Dieu devant moi », avait commandé Dieu à Moïse, du haut du mont Sinaï.

Les Romains, eux, aimaient bien les divinités, dans leur diversité, leur exotisme, leurs saveurs particulières et, naturellement, ils ne demandaient pas mieux que de tenter d'inclure dans leur Panthéon le fameux Dieu des Hébreux, immatériel, invisible, omniprésent, sans aucune commune mesure avec les divinités dont le peuple romain était friand. Mais, hélas pour les juifs, ce Dieu ne permettait pas qu'on le fît cohabiter avec des dieux de pierre ou de bois. Bien vite, le Dieu du « peuple de philosophes » était apparu comme antagoniste, voire hostile à ceux que Rome adorait. Déjà, en ce premier siècle, l'exception juive avait pu créer un ressentiment envers ceux qui refusaient le compagnonnage des dieux et qui, par surcroît, s'isolaient volontairement d'une société romaine, laquelle, à l'occasion de mille cérémonies, reconnaissait peut-être avec amusement, en tout cas sans crainte, la présence de dieux nombreux, sympathiques ou désagréables, mais dont la diversité assurait l'innocuité.

Jusqu'au début du IVe siècle…

Quel besoin y avait-il pour un Romain de considérer un Dieu terrible, jaloux et qui ne se présentait même pas comme un Dieu des dieux puisqu'il n'y en avait pas d'autres ? Cependant, on ne peut affirmer que la petite communauté juive de Rome, à l'époque, fut l'objet d'une hostilité caractérisée. Certes, les originaires de Judée tenaient à leurs convictions, ils les exprimaient chaque fois que cela était nécessaire, surtout par leur mode de vie, mais ils ne compromettaient nullement la civilisation de la puissante Rome, ni le bon équilibre de la société.

La guerre contre les Judéens déclenchée par Tibère, successeur d'Auguste, en l'an 66, allait modifier durablement la situation. Jamais la puissance romaine n'avait eu à mener une série de combats aussi difficiles. Pendant près de quatre-vingts ans la Judée avait résisté.

Le point culminant de cette guerre fut la destruction du Temple de Jérusalem, en l'an 70. Elle marqua le déclin de la religion nationale des juifs. Le point final fut mis en l'an 135, après la dernière révolte qui vit la dispersion définitive de la nation juive. Après plus d'un millénaire de présence en Terre sainte, brusquement, le pays où coulaient le lait et le miel se trouvait exempt de toute présence sociale des juifs. Babylone, Alexandrie s'étaient indûment substituées à Jérusalem et la ville même de Rome apparaissait paradoxalement comme un pôle d'attraction, voire comme un lieu de refuge.

La dispersion allait entraîner deux conséquences majeures, à la fois théologiques et politiques.

Le messianisme juif sur lequel se polarisait l'espérance de tout un peuple, apparaissait désormais comme une impossibilité majeure. Le mot « messie » était interprété, certainement à juste titre, comme désignant le libérateur d'Israël. On pouvait donc, en un sens, considérer le messie comme un chef de guerre capable d'appeler à une nouvelle révolte. Attendre l'advenue du messie, c'était vouloir se libérer de la domination romaine. Jésus lui-même, en son temps, semblait avoir été conscient du caractère provocateur, aux yeux des Romains, de toute appellation messianique. C'est pourquoi il a évité jusqu'à la fin de se laisser qualifier publiquement comme tel.

Comment maintenir l'espoir parmi les juifs sans se référer ouvertement à l'attente messianique ? Tel était donc, durant les trois premiers siècles de notre ère, le résultat le plus dramatique de la dispersion générale. Certes, rien n'empêchait les écoles talmudiques de Mésopotamie et d'Égypte d'étudier discrètement les conditions de l'arrivée de l'ère messianique. Mais aucun geste publique ne permettait de manifester cet espoir.

La deuxième conséquence de la défaite aura été précisément l'impossibilité de s'adresser « à toutes les nations de la terre » dans l'espoir de les amener à reconnaître le Dieu d'Israël. Le prosélytisme, consubstantiel à la religion d'Israël était, après la défaite, devenu impossible : les Romains risquaient de voir d'un très mauvais œil le renforcement démographique de cette société juive turbulente et potentiellement belliqueuse.

Ne pouvant ni se référer à un messie libérateur, ni expliquer leur religion, et encore moins en vanter les mérites ou proclamer la vérité du Dieu unique, les juifs s'étaient trouvés, durant cette longue période et pour la première fois, dans une situation d'isolement qui, bien des siècles plus tard et dans des conditions fort différentes, allait aboutir à la constitution de ghettos.

Ainsi, progressivement, la définition de la religion juive s'était estompée, et tant les Romains que les peuples amis et alliés de l'empire, de même que les nations soumises, ne savaient plus très bien ce que les juifs représentaient, quelle était la signification de leurs rites, ni même pourquoi ils existaient toujours. En un sens, ils faisaient peur non en raison d'une puissance occulte qui leur aurait été supposée, mais parce qu'on ne savait rien d'eux ni des raisons de leur étrangeté.

Du concile de Nicée à Vatican II

En revanche, le message des premiers chrétiens commençait à être compris. Certes, dans les premiers temps, ils étaient assimilés aux juifs rebelles et, à ce titre en particulier, persécutés. Mais, très vite, le christianisme allait être exempté de l'insoumission juive et de la rigueur de leur foi en un Dieu unique et exclusif. La figure de Jésus, l'appel à la charité, à l'amour du prochain, à un Dieu bon et miséricordieux, allaient modifier les perspectives.

Les choses allèrent très vite. Nombre de Romains avaient cédé au dynamisme du prosélytisme répandu par les chrétiens. L'adhésion de Constantin, empereur de Rome, à la foi en Jésus, alors que de nombreux citoyens étaient restés indifférents à la perspective de renoncer aux dieux auxquels ils étaient habitués, allait entraîner une conséquence de nature théologique considérable pour les juifs eux-mêmes. Il ne s'agissait pas seulement du basculement d'une partie de la société romaine vers la nouvelle religion, mais d'une disqualification religieuse du judaïsme.

En réunissant, de sa propre initiative, à Nicée, en 325, un concile catholique, Constantin écrivait la première page du livre de la gloire temporelle de l'Église. Évidemment, chacun dira que l'événement majeur du Concile fut l'adoption du dogme de la consubstantialité affirmant que Dieu et Jésus sont de même substance : Jésus est éternel, non créé, exactement comme l'est le Père.

Pourtant, une décision passée inaperçue, en tout cas jugée sans conséquence majeure, avait été le déplacement, dans le calendrier, de la fête de Pâque qui commémorait, pour les juifs, l'événement fondateur qu'avait été la sortie d'Égypte. Le Concile allait décider qu'il n'était pas adéquat de célébrer le même jour, le franchissement de la mer Rouge par les Hébreux et la résurrection de Jésus, revenu d'entre les morts après sa crucifixion.

Le processus de décrochement des chrétiens au regard du judaïsme était ainsi largement confirmé.

Tout avait commencé durant la période cruciale qui va de la Résurrection à la destruction du Temple de Jérusalem. Pendant quarante ans, de l'an 30 à l'an 70, les premiers adeptes de la foi en Jésus, presque tous issus de la société judéenne, attendaient que la majorité de leurs compatriotes se rallient à la nouvelle croyance. Saint Paul avait fait un choix différent. Il s'agissait pour lui, conscient des réticences de ses coreligionnaires juifs, de convertir les Gentils, ceux qui, dans l'Empire, ignoraient tout de la religion d'Israël.

Au contraire, Jacques, celui que l'Évangile qualifie de « frère du Seigneur », pensait que le retour définitif de Jésus, la parousie, obligerait les juifs à se rendre à l'évidence. Ne pas rompre avec le culte du Temple, ni, bien sûr, avec la Loi était donc pour lui fondamental.

Mais, du côté juif comme du côté des premiers chrétiens, on engageait une polémique acharnée. Les uns reprochaient aux adeptes de la nouvelle foi leur trahison de l'enseignement de Moïse, la tradition de leurs pères, les autres leur faisaient grief d'empêcher, par leur obstination, le retour du Christ – et par conséquent de rendre impossible le règne du monde futur.

Mais c'est du côté chrétien qu'on avait les arguments les plus acerbes : saint Paul n'hésitait pas à écrire aux Thessaloniciens que les juifs n'étaient pas aimés de Dieu, qu'ils avaient tué son Envoyé et que, finalement, la colère de Dieu s'était abattue sur eux. La mise à mort de Jésus, certes accomplie par l'autorité romaine, mais à laquelle les Grands prêtres auraient peut-être poussé, commençait à être présentée comme relevant de la seule responsabilité des juifs, vite qualifiés de « peuple déicide ». La destruction du Temple et l'écrasement de la dernière révolte intervenue après la chute de Massada, étaient présentés par les chrétiens, précisément, comme le résultat de la colère divine. Ainsi naquit la première forme religieuse de la détestation du peuple juif dont pourtant les plus authentiques fidèles de la nouvelle religion étaient originaires ; Pierre, Jacques, Paul et tant d'autres.

Cependant, bien avant le concile de Nicée, la nécessité de « convertir » les juifs afin de permettre ainsi au reste de l'humanité d'être sauvé, demeurait un impératif théologique. L'exemple le plus frappant de cette bonne volonté est fourni par saint Justin Martyr qui, au lendemain de l'écrasement de la nation juive, entreprit un dialogue philosophique avec un savant juif désigné sous le nom de Tryphon. L'échange des arguments avait été des plus courtois. Mais Justin, malgré la sympathie qu'il éprouvait pour son interlocuteur, n'hésitait pas à déclarer : « Dieu vous a refusé la faculté de saisir la sagesse renfermée dans ses paroles », avant de conclure que les juifs, depuis la chute de leur patrie « souffrent justement ». Ainsi, Justin ne manifestait aucune commisération pour le peuple au sein duquel Jésus était né, avait vécu, enseigné, prêché.

Mais c'est évidemment le concile de Nicée qui a consacré le divorce. Désormais, l'Église a associé son destin au pouvoir politique de l'Empire romain, de ce même empire qui avait anéanti la patrie des premiers chrétiens, la Judée ancestrale et, en son cœur, Jérusalem, la Sainte. En 380, l'empereur Théodose peut proclamer le christianisme « religion officielle » de Rome.

Progressivement se constitue donc au sein de l'Église, une doctrine d'hostilité, fondée en théologie et justifiée politiquement, envers le judaïsme comme enseignement et comme pratique, de même qu'envers l'existence rémanente des juifs eux-mêmes.

Bien vite pourtant, doctrinalement parlant, les penseurs chrétiens ont oublié le contenu du judaïsme, oubli que l'on peut considérer à la fois comme une perte de mémoire mais aussi comme une négligence. Cette amnésie, compréhensible en la circonstance, était facilitée par l'absence de tout prosélytisme judaïque et par la situation marginalisée des personnes juives.

L'antijudaïsme de l'Église ne pouvait, par principe, se limiter à la production d'arguments contre la religion d'Israël ; l'Église était tenue par son origine et par le fait qu'elle ne pouvait faire autrement que de se présenter comme « le Nouvel Israël ». Il fallait aussi que les juifs eux-mêmes, toujours fidèles à leurs rites et à l'idée que Jésus ne pouvait être le sauveur attendu (puisque l'humanité n'était toujours pas entrée dans le monde futur) fussent stigmatisés. À tout le moins, pouvait-on se réjouir de leur malheur. Devait-on aller jusqu'à les tenir pour des « infidèles », jusqu'à les persécuter comme juste conséquence de leur obstination ?

Mille exemples prouvent combien la persécution s'est imposée comme une obligation quasi religieuse. Les massacres accomplis lors des premières croisades, par les « soldats de Dieu » en route vers Jérusalem, sont caractéristiques. Les Croisés s'étaient rendus facilement à l'argument de prêtres exaltés qui prêchaient qu'il était anormal d'aller si loin chasser les infidèles musulmans, alors que dans toute l'Europe se trouvaient des infidèles bien plus coupables que ceux qui détenaient le tombeau du Christ, les juifs.

L'Église supportait mal la permanence juive. Le dernier concile de Latran (1517) allait imposer à toute personne juive le port d'un signe distinctif, la rouelle, ou le chapeau pointu de couleur jaune. Plus significatif encore, le jour de Pâques, chaque année, à Toulouse, sur le parvis de la cathédrale, un chevalier assénait une gifle retentissante à un juif de la ville avec une force telle qu'il y eut, une fois, décapitation du malheureux.

Le pouvoir royal profitait, pour des raisons économiques, de cette situation.

Ainsi, le roi Philippe le Bel, petit-fils de saint Louis, désireux de renflouer les finances du royaume avait décidé, en 1306, de bannir les juifs de France. Certains d'entre eux étaient les créanciers de la Couronne... Cette mesure apparaissait comme le seul moyen de rétablir une situation économique déplorable. Mais il fallait que l'expulsion fût comprise comme une mesure noble. Philippe le Bel avait souligné dans son décret le danger que représentaient les juifs « pour la foi ».

Cependant, parmi les clercs, les ordres religieux, discrètement, demeurait une interrogation quant à la pérennité juive. La papauté elle-même se posait des questions. Ainsi, le pape Grégoire IX avait demandé qu'on l'informât sur le contenu du Talmud, et plus précisément sur ce que les juifs disaient de Jésus. Les brûlements en place de Grève à Paris furent le résultat de cette enquête.

De même, la Réforme s'était vivement intéressée aux juifs. Martin Luther espérait que la modification en profondeur des relations entre les fidèles et l'institution ecclésiale pourrait lever l'obstacle qui empêchait les juifs de se convertir. Ses espoirs déçus, le moine augustinien exprima une doctrine haineuse à l'égard de la religion juive et de ceux qui la pratiquaient. Et pourtant, les Réformés préconisaient un retour à l'authenticité biblique et notamment à la langue hébraïque. La Contre-Réforme, par souci de combattre les protestants, n'avait pas d'autre choix que de suivre le mouvement et l'on vit des jésuites apprendre l'hébreu, non pas tellement pour se rapprocher de la première formulation de la Bible, mais pour faire jeu égal avec les Réformés.

Néanmoins, cette attention nouvelle portée au judaïsme allait permettre d'aborder la tradition judaïque de façon plus fidèle. Ainsi, des penseurs comme Pic de La Mirandole se penchèrent sur les textes de la cabale et François Ier créa une chair d'hébreu au collège de France.

Mais plus le judaïsme apparaissait digne d'intérêt, plus les savants chrétiens y trouvaient matière à réflexion, plus la nécessité de combattre les juifs s'imposait. Ces derniers avaient-ils tort de suggérer l'idée que, plus de mille ans après l'émergence du christianisme, la Promesse n'avait toujours pas été tenue ? Cette sourde interrogation constituait une raison supplémentaire de les isoler et de les combattre.

Les mille cinq cent quarante années qui séparent le concile de Nicée de Vatican II ont été marquées par une crispation antijudaïque qui se traduisait dans la mentalité populaire et dans les comportements quotidiens des chrétiens comme farouchement antijuifs, en un long cortège de désolations et de manque de charité humaine.

De leur côté, les juifs n'avaient, pour preuve de la vérité de leur religion, que la pérennité de leur existence. C'était donc à leur existence qu'il fallait, dans une perspective eschatologique, s'en prendre sans pitié. Peu importait qu'ils fussent en marge de la société, les juifs devaient être oubliés, et leur religion ignorée. Telle fut longtemps la politique de l'Église.

Il a fallu attendre que se produise en Europe chrétienne, au XXe siècle, la tragédie connue sous le nom de Shoah pour que l'Église catholique et les Églises protestantes mesurent la nocivité potentielle de leur enseignement traditionnel concernant l'existence juive dans toute sa complexité.

Au prix de six millions de personnes juives massacrées par les nazis et leurs nombreux alliés, les chrétiens ont commencé à s'interroger. Combien de personnes chrétiennes, bien élevées, généreuses et croyantes, qui n'auraient jamais toléré autour d'elles un mot d'hostilité haineuse à l'égard des juifs, ont dû chasser de leur esprit, au lendemain de la Shoah, l'idée que le sort des juifs durant la Seconde Guerre mondiale avait été le résultat de la mise à mort de Jésus à laquelle leurs ancêtres auraient contribué ?

Ainsi, vingt ans après la fin de la guerre s'est fait jour parmi les chrétiens, l'idée que l'enseignement chrétien concernant les juifs pouvait être considéré comme « catastrophique ». Le concile Vatican II, convoqué par Jean XXIII en 1963, allait tenter prudemment d'en modifier les fondements : « Ne rien enseigner qui puisse faire naître dans l'esprit des fidèles la haine ou le mépris envers les juifs » ; « Que jamais les juifs ne soient présentés comme une race maudite ou un peuple réprouvé ». Et vient cette constatation qui n'avait pu s'imposer pendant des siècles : « Le lien spirituel qui unit juifs et chrétiens est demeuré intact. » Enfin, l'absurde accusation de déicide qui avait pesé sur le peuple juif est relativisée par l'assertion selon laquelle c'est l'humanité tout entière qui est responsable de la passion de Jésus.

Restait le plus difficile à assumer : l'Église ne disait rien de la renaissance d'Israël comme nation maîtresse de son destin ni, surtout peut-être, de la grande catastrophe qui s'est abattue sur les juifs d'Europe.

La Shoah et la renaissance d'Israël

En 1994, lorsque les accords d'Oslo semblaient devoir s'imposer et permettre la création d'un État palestinien et la reconnaissance d'Israël par le monde arabe tout entier, palestinien compris, l'Église catholique a procédé à la reconnaissance d'Israël, ce qu'elle n'avait pas fait jusque-là. Il ne s'est pas agi d'un simple acte diplomatique aux termes duquel le Vatican, l'État du Vatican, aurait reconnu l'État d'Israël, il s'agissait d'une reconnaissance spirituelle, théologique pourrait-on dire, puisque c'est le Saint Siège, c'est-à-dire l'Église elle-même, qui procédait à une reconnaissance « religieuse » de l'existence, en terre de Judée, d'une autorité juive indépendante qui n'avait pas existé depuis la mort de Jésus et le temps des premiers chrétiens. Et enfin, afin que nul ne se trompe sur la portée du geste, le pape Jean Paul II s'est rendu en Israël et a prié devant le mur du Temple.

Le dernier pas restait à accomplir.

Comment répondre à la sourde accusation selon laquelle la doctrine et l'enseignement de l'Église concernant les juifs étaient la cause indirecte mais bien réelle de la Shoah ? Dans une déclaration publiée en mars 1998 sous le titre *Souvenons-nous*, après avoir proclamé que « la Shoah est l'événement majeur du XXe siècle » et précisé qu'elle avait été le fruit d'un « régime néopaganiste » et que ses racines se situaient « en dehors du christianisme », le Saint Siège demandait si « la persécution nazie des juifs n'avait pas été facilitée par les préjugés enracinés dans quelques esprits et cœurs chrétiens, pécheurs et ignorants de la véritable pensée chrétienne ». La déclaration concluait : « L'Église exprime sa profonde douleur devant la défaillance de ses fils... Ceci est un acte de repentance *Téchouvah*. » Pour leur part, les Réformés déclaraient déjà en 1964 : « L'antisémitisme est un suicide spirituel. »

Nombreux sont les juifs d'aujourd'hui qui pensent, quel que soit le caractère indélébile de la blessure représentée par la Shoah, et quelle qu'ait pu être la responsabilité d'un certain enseignement chrétien, que le contentieux judéo-chrétien, quant à l'essentiel, est en voie d'être épuisé. Naturellement, certaines divergences théologiques et religieuses demeurent. Mais l'appel au « dialogue fraternel » et surtout à « la compréhension mutuelle » ouvre la voie d'une nouvelle relation fondamentale entre les deux religions. Tout, semble-t-il, peut être résumé par une parole de Jean Paul II : « L'existence du peuple juif est un fait surnaturel. »

Au moment où catholiques et protestants ont, chacun dans leur style, accompli des gestes inédits visant à une véritable réconciliation entre juifs et chrétiens, la situation morale de l'État d'Israël, face à la revendication palestinienne, a brusquement empiré.

Après la guerre de 1948 déclenchée par les États arabes qui avaient refusé le plan de partage décrété par l'ONU, lequel prévoyait la création d'un État arabe sur une partie de la Palestine ; après celle de 1967 qui permit à Israël, suite au blocus du détroit de Tiran imposé par l'Égypte, de conquérir la Cisjordanie, la bande de Gaza, le Sinaï et surtout d'établir son autorité sur l'entièreté de Jérusalem ; après la guerre de Kippour de 1973 qui provoqua un choc pétrolier entraînant un bouleversement économique durable dans le monde entier ; après la guerre du Liban qui entraîna le départ des chefs palestiniens vers la Tunisie, tout semblait définitivement dit : la paix était impossible.

Pourtant, l'accord d'Oslo ouvrait une perspective de paix inespérée. En 2000, le président des États-Unis, Bill Clinton, réunissait à Camp David, Ehud Barak, Premier ministre d'Israël et Yasser Arafat, président élu de l'Autorité palestinienne pour mettre la dernière main à un accord définitif : Israël se retirerait des territoires occupés en 1967, et évacuerait les sites d'implantation (à quelques exceptions près qui feraient l'objet d'un échange de territoires) ; Israël reconnaîtrait la souveraineté palestinienne sur le nouvel État ; l'État de Palestine reconnaîtrait la légitimité de l'État hébreu, ce dernier admettant le tort fait aux populations palestiniennes qui, en 1948, avaient dû quitter leurs foyers ; les réfugiés palestiniens se verraient reconnaître le droit de s'installer dans leur nouvelle patrie et pourraient bénéficier d'indemnisations adéquates, le tout dans le cadre d'une coopération économique intense. Enfin, Jérusalem serait partagée entre les deux États, les Lieux saints seraient ouverts à tous, et la gestion du mont du Temple (esplanade des Mosquées) confiée à une autorité mixte.

Yasser Arafat, contre toute attente, avait refusé cet accord.

Les raisons de ce refus méritent d'être examinées de près ; non au regard de la solution proposée d'un conflit qui avait duré tant d'années, mais en considération de ce que ce même conflit signifiait vraiment dans la relation fondamentale entre juifs et Arabes.

Le chef palestinien semble s'être subitement rendu compte qu'en signant un accord avec l'État juif, il tournerait définitivement le dos aux buts de guerre du mouvement palestinien. Ce faisant, Yasser Arafat dévoilait ce qu'étaient ces mêmes buts de guerre : l'éradication d'une autorité juive de nature étatique au sein du monde arabe. Il confirmait *nolens volens* que l'Organisation de libération de la Palestine (OLP) visait à la disparition de l'État d'Israël.

On peut également considérer, dans une optique moins radicale, que Yasser Arafat ne voulait pas que la paix avec Israël résultât d'une négociation. Il fallait que la paix fût arrachée par la force des armes ; il fallait un nouvel affrontement sanglant. Les deux perspectives probablement présentes dans l'esprit du dirigeant palestinien, ont abouti au déclenchement d'une action que l'on qualifie à tort d'*Intifada*. En réalité, il ne s'agissait plus désormais de lancer des pierres contre des chars d'assaut, mais d'une véritable insurrection armée, doublée d'actes terroristes sous la forme d'attentats suicides.

Ce qui devait arriver arriva.

Le Premier ministre Ariel Sharon qui n'est pas un tendre, déclencha à son tour une forme de répression de grande ampleur. Il refuserait toute négociation... tant que le terrorisme n'aurait pas été éradiqué. De nouveau le processus de paix était totalement bloqué.

L'étrange conséquence de cette situation fut que la grande majorité des États de la planète donnèrent tort à Israël, de même que les opinions publiques de la plupart des pays, de même que l'ensemble des médias.

Ce sentiment d'hostilité envers Israël allait se retourner vers les communautés juives de par le monde et générer, dans nombre de pays à fortes communautés arabes, comme la France, une situation des plus inquiétantes. Se fondant sur l'idée que la politique de force d'Israël n'était pas seule responsable de la dégradation du climat dans la région et que la multiplication des attentats suicides justifiait largement une réaction violente, des juifs français et américains n'hésitèrent pas à présenter les actes d'hostilité envers les personnes juives comme constituant une nouvelle forme d'« antisémitisme ».

L'intégrisme islamiste et l'existence juive

Nul ne saurait nier le nombre, l'importance et la gravité des actes en question enregistrés sur le sol français depuis plus de trois ans.

Nul ne saurait minimiser l'inquiétude générée chez les intéressés eux-mêmes qui, après soixante ans, malgré l'irréductibilité évidente entre ce qui s'est passé et ce qui se produit aujourd'hui, ont encore présent dans leur conscience claire, la mémoire de l'indicible.

Nul ne saurait négliger la signification profonde des mesures prises par les pouvoirs publics pour réprimer les violences inacceptables qui, outre le fait qu'elles troublent l'ordre public et la tranquillité de chacun, sont contraires à l'esprit républicain et aux traditions françaises.

Cependant, tout le problème consiste à qualifier adéquatement cet étrange phénomène consistant en apparence en la résurgence d'une haine hors d'âge. L'identification des agissements en question passe évidemment par la désignation de leurs auteurs. C'est à ce stade que réside la difficulté ; non que les responsables des violences soient difficiles à nommer, mais parce qu'il serait contraire à la logique et au souci démocratiques de les repérer sous un concept général.

L'ennui est qu'à ne rien dire quant à l'identité spécifique des fauteurs de trouble, on risque de faire peser sur l'ensemble du peuple français, sur la France tout entière, comme l'a fait le gouvernement israélien, mal informé, la responsabilité de cette sorte de contamination haineuse dont pourtant la nation dans ses profondeurs est totalement exempte. Dire que les « jeunes » responsables d'actes ou de propos condamnables sont des « marginaux inassimilés » ne suffit certainement pas à qualifier ni à exonérer les auteurs des violences en question.

À vrai dire, l'affaire est bien plus grave que ne le laisserait accroire la situation en France. L'organisation terroriste mondiale connue sous le nom d'Al Qaïda, tente de mobiliser les jeunes Arabo-musulmans du monde entier autour de l'idée que les juifs sont les ennemis de l'islam ainsi que du reste de l'humanité, et qu'il convient de les combattre tout autant que les chrétiens – ces derniers étant assimilés aux Croisés d'une autre époque –, par tous les moyens.

Rendre l'État d'Israël seul responsable de la perpétuation du conflit israélo-palestinien et faire de ce même conflit la raison essentielle du désordre mondial, relèvent d'une forme de judéophobie qui n'est pas sans rappeler l'accusation jadis portée par les Églises contre les juifs considérés comme ceux qui empêchent le retour du Sauveur.

C'est de cette mouvance islamiste que sont inconsciemment complices ceux qui croient trouver une justification théorique au trouble des banlieues.

Les appels lancés par Al-Qaïda ne laissent aucun doute quant à la nature de son combat contre l'Occident judéo-chrétien, et même contre les États arabes qui ont conclu la paix avec Israël ou qui seraient tentés de le faire. « Il faut commencer la résistance dès maintenant pour contrer la campagne des Croisés, à l'exemple de la résistance en Irak, en Afghanistan, en Palestine et en Tchétchénie. Jeunes musulmans, voici notre message : si nous étions tués ou faits prisonniers, poursuivez le chemin de la lutte après nous. Ne trahissez pas Dieu et son Prophète. L'ère de la résistance musulmane a commencé », affirme dans un message le principal adjoint de Ben Laden.

On voit dès lors combien l'affrontement qui oppose les terroristes à la civilisation dépasse largement, même s'il les englobe, les actions de haine ou d'agression envers des personnes juives de par le monde.

Face à une telle situation, les communautés juives n'ont guère le choix. Il leur revient en premier de soutenir les forces de paix en Israël et dans le monde arabe. L'initiative de paix prise à Genève par des personnes privées, israéliennes et palestiniennes, définissant les conditions d'un règlement de paix méritent, même si des difficultés de procédure demeurent, un soutien de principe constant. Ce soutien se justifie pleinement par un souci d'équité à l'égard des Palestiniens de bonne volonté, et des jeunes Israéliens qui consentent un sacrifice permanent pour la sécurité de leurs pays. Il ne saurait être le résultat de la menace induite par le terrorisme à l'échelle planétaire. C'est la recherche de la justice pour tous qui doit commander l'adhésion aux principes qui, à Genève, ont fait l'objet d'un accord extra gouvernemental. Les principes de Genève ne sont, au demeurant, guère différents des paramètres avancés sans succès hélas, par Bill Clinton.

De même la création, en France notamment, par des personnalités juives et musulmanes, d'une association d'amitiés judéo-musulmanes, vers laquelle convergeraient tous ceux qui réfléchissent à une possible compréhension mutuelle des deux religions, séduirait certainement de larges secteurs du monde musulman et du monde juif. Ce processus est au demeurant déjà largement engagé.

Les communautés juives de par le monde, et en particulier les associations françaises agissant sous les auspices du Conseil représentatif des institutions juives de France (CRIF) pourront, en favorisant ce genre d'initiatives, se prémunir contre trois tentations dont la dangerosité est extrême :

l'alarmisme, le « lobbyisme » et le communautarisme.

Rien ne sert en effet d'entretenir l'idée qu'un danger immédiat et redoutable menace les personnes juives. Ces dernières, notamment dans les banlieues des grandes villes, dans certains établissements scolaires, dans les transports en commun, ont besoin d'être rassurées sur la nature des agressions dont elles sont quelquefois l'objet.

Il n'y a nulle part en Europe, un gouvernement qui ne soit troublé par de tels actes. Partout les pouvoirs publics prennent les mesures qui conviennent, et les peuples eux-mêmes, dans la profondeur de leur conscience, ne croient pas qu'il soit possible que les conditions qui ont prévalu avant et pendant la guerre, puissent, de quelque manière que ce soit, se reproduire. Il en est de même pour ce qui est de la mentalité collective du peuple français en particulier. L'impavidité supposée, observée, quelquefois dénoncée, est en réalité une incrédulité ; l'antisémitisme est une impossibilité. La réconciliation judéo-chrétienne, largement engagée, tend à le prouver.

Chaque juif a le droit d'être attaché à Israël, pays du refuge pour beaucoup et de l'espoir pour tous. Chacun a le droit de soutenir le droit de l'État hébreu à l'existence et à la sécurité, chacun peut entretenir la perspective de s'y établir un jour, un peu comme un chrétien croyant entre en religion, mais il serait inadéquat de manifester ce légitime soutien sous la forme d'un « lobbyisme » incessant tendant à justifier chaque prise de position de tel ou tel gouvernement israélien, au point de perdre tout esprit critique ou toute faculté d'appréciation personnelle.

Enfin, il serait important de comprendre que les personnes juives en France ne constituent pas, à proprement parler, une communauté ; ni une communauté religieuse, ni une communauté culturelle, ni surtout une minorité nationale. Les juifs sont absolument des individus, certes quelquefois rassemblés autour d'un idéal ou d'un engagement communs, mais jamais au sein d'une cellule sociale particulière dont la caractéristique serait d'être sans portes ni fenêtres.

S'il fallait, au terme de cette réflexion, tenter de conceptualiser l'antisémitisme en 2005, le mieux serait de le définir comme ce qu'il est vraiment : une imbécillité d'un autre âge ayant, hélas, conduit à la criminalité de masse. Et, si on le considérait du point de vue religieux, si important dans nos sociétés aujourd'hui, quoique l'on en dise, il conviendrait de l'assimiler à une sorte de péché originel dont heureusement l'homme pourrait se libérer.

*

Alain Houziaux

La politique d'Israël devrait-elle rester soumise aux prescriptions de la Torah ? Quelle est la place des références religieuses dans la constitution et la législation de l'État d'Israël ?

Gérard Israël

À proprement parler, l'État d'Israël n'a pas de Constitution. Ce pays a été créé en 1948 sur la base d'une proclamation d'indépendance. Ce texte fondateur déclare que les créateurs du nouvel État sont « confiants en l'Éternel tout-puissant » et que l'État d'Israël sera « fondé sur la liberté, la justice et la paix *selon l'idéal des prophètes* ».

Cette référence solennelle à Dieu et aux prophètes ne diffère guère, par exemple, de la pratique constitutionnelle des États-Unis d'Amérique qui enjoint le président nouvellement élu de prêter serment sur la Bible, ou du fait que la reine d'Angleterre est le chef de l'Église anglicane. Nous sommes dans le symbolique.

Il ne serait pas adéquat non plus de dire que l'État d'Israël « reste soumis aux prescriptions de la Torah ». Un Israélien qui ne respecterait pas les règles du sabbat ou qui consommerait des viandes impures ne risque pas d'être traduit devant les tribunaux !

Sur le plan politique, soulignons qu'il existe, bien sûr, un ou plusieurs partis politiques « religieux », comme c'est le cas en Allemagne ou en Italie avec les formations représentées aux parlements respectifs et qui se reconnaissent dans la démocratie chrétienne. Mais on ne peut pas dire qu'en Israël, pas plus que dans les pays précités, le principe de la séparation des Églises et de l'État ne soit pas effectif. Ni les prêtres ni les rabbis n'y ont le pouvoir !

Sur le plan social cependant, il faut convenir qu'en Israël les candidats au mariage doivent passer devant une autorité religieuse, ou, dans un autre domaine, que les transports publics ne fonctionnent pas le jour du sabbat. Cette situation devrait, avec la paix, pouvoir s'améliorer.

Alain Houziaux

Jacques Attali considère que le peuple juif et l'État d'Israël n'ont pas de droits particuliers mais qu'ils ont des devoirs particuliers, en matière de morale politique. Qu'en pensez-vous ?

Gérard Israël

Je ne pense pas que l'État d'Israël doive être soumis à des devoirs particuliers, ou à une morale politique supérieure à celle qui s'impose aux autres nations.

Il faudrait s'habituer à considérer l'État hébreu comme un État guère différent des autres États. Certes, la tradition prophétique voudrait qu'Israël fût « la lumière des nations » et, qu'un jour, tous les peuples de la terre fussent réunis à Jérusalem sous le règne du Messie, envoyé de Dieu. Nous sommes encore un peu loin de cette perspective.

Table des matières

Composition : Facompo, Lisieux

Achevé d'imprimer par Corlet, Imprimeur, S.A.
14110 Condé-sur-Noireau
N° d'éditeur : 5673 – N° fab. : 5776
N° d'imprimeur : 82068
Dépôt légal : février 2005
Imprimé en France